착! 붙는 한국어 독학 첫걸음

저 강성화, 민남준

한글파크

머리말
Preface

　최근 들어 한국어 학습자들의 학습 목적이 점점 더 다양해지고 있습니다. 또한 그 목적만큼이나 학습자들의 환경 역시 무척이나 다양해졌습니다. <착!붙는 한국어 독학 첫걸음>은 이렇게 다양한 목적과 환경의 학습자 중 한국어를 혼자서 공부하고자 하는 학습자의 입문용으로 만들어진 교재입니다.

　본 교재는 독학용 교재이니만큼 가능한 한 가장 쉬운 방법으로 가장 현실적인 표현을 익히는 것에 중점을 두었습니다. 이를 위해 제일 먼저 기본적인 문형을 익힌 후에 이를 바탕으로 한 반복 연습이 가능하도록 하였습니다. 또한 상대적으로 혼자서는 학습하기가 어려운 말하기와 듣기 영역의 효과적인 연습을 위해 시각 자료와 청각 자료를 활용하였고, 매 단원마다 자가 점검 부분과 4개 단원마다 복습 부분을 넣어 학습 강화를 통한 자기주도 학습을 이끌어내도록 구성하였습니다. 여기에 한국의 실생활과 가까운 문화 소개를 추가해 한국어뿐만 아니라 한국 문화에 대한 친숙함 역시 느낄 수 있도록 하였습니다. 따라서 본 교재를 활용한다면 혼자 하는 한국어 공부가 그리 어렵지는 않을 것이라고 생각합니다.

　아무쪼록 본 교재가 많은 학습자들에게 한국어 학습의 촉발제가 되기를 바랍니다.
　그간 교재 출간을 위해 도움을 주신 모든 분들께 진심으로 감사드립니다.

- 강성화, 민남준

Recently, the purpose of learning for Korean learners has become increasingly diverse. Also, the learners' environment has become as varied as its purpose greatly. <착!붙는 한국어 독학 첫걸음> is an introductory textbook for learners who want to teach themselves Korean among the learners with such various purposes and environments.

Since this is a self-education book, this textbook is focused on learning the most realistic expressions as easy a way as possible. In this textbook, you can learn the basic Korean language structures and patterns first, and then you can practice them over and over again. In addition, this book utilizes visual and auditory aids to help you practice your speaking and listening skills effectively, for the speaking and listening parts which are difficult to learn by oneself. And this book is organized so that learners can do self-directed lessons by strengthening their learning, through Self-check-up test for each unit and Review note provided at the end of every four units. Furthermore, in this book, you can feel familiar with Korean culture as well as Korean language by adding a cultural introduction that is close to real life in Korea. Therefore, if you use this textbook, studying Korean alone will not be that difficult.

Sincerely, I hope this textbook will be a trigger for many learners to learn Korean. Lastly, I would like to gratefully and sincerely thank all of those who helped make the publication of this book possible.

- KANG SUNG HWA, MIN NAM JOON

한국어를 배우기에 앞서 필요한 한글에 대해 설명하였습니다.

This book explains 'Hangeul' which is necessary before learning the Korean language.

한글 Hangeul

한글 Hangeul

The alphabet used for expressing Korean is called Hangeul. Hangeul has 21 vowels and 19 consonants, consisting of 40 characters in total.

1. Table of Vowels and Consonants

• 모음 Vowels

vowel 1	ㅏ	ㅓ	ㅗ	ㅜ	ㅡ	ㅣ	ㅐ	ㅔ
sound	[a]	[eo]	[o]	[u]	[eu]	[i]	[ae]	[e]
vowel 2	ㅑ	ㅕ	ㅛ	ㅠ		ㅢ	ㅒ	ㅖ
sound	[ya]	[yeo]	[yo]	[yu]		[ui]	[yae]	[ye]
vowel 3	ㅘ	ㅝ	ㅚ	ㅟ			ㅙ	ㅞ
sound	[wa]	[wo]	[oe]	[wi]			[wae]	[we]

• 자음 Consonants

consonant 1	ㄱ	ㄴ	ㄷ	ㄹ	ㅁ	ㅂ	ㅅ	ㅇ	ㅈ	ㅎ
sound	[g]	[n]	[d]	[r]	[m]	[b]	[s]	[ø]	[j]	[h]
consonant 2	ㅋ		ㅌ			ㅍ			ㅊ	
sound	[kh]		[th]			[ph]			[ch]	
consonant 3	ㄲ		ㄸ			ㅃ	ㅆ		ㅉ	
sound	[gg]		[dd]			[bb]	[ss]		[jj]	

• 자음 - 받침 Consonants - Final Consonants

final consonant 1	ㄱ	ㄴ	ㄷ	ㄹ	ㅁ	ㅂ	ㅅ	ㅇ	ㅈ	ㅎ
sound	[k]	[n]	[t]	[l]	[m]	[p]	[t]	[ng]	[t]	[t]
final consonant 2	ㅋ		ㅌ			ㅍ			ㅊ	
sound	[k]		[t]			[p]			[t]	
final consonant 3	ㄲ						ㅆ			
sound	[k]						[t]			

16

Practice 2

● 듣고 따라 하세요. Listen and repeat. 🎧 Track 0-06

가 나 다 라 마 바 사 아 자 하

● 듣고 알맞은 것을 고르세요. Listen and choose the correct word. 🎧 Track 0-07

1) ⓐ가 ⓑ마   2) ⓐ너 ⓑ버   3) ⓐ로 ⓑ소
4) ⓐ두 ⓑ후   5) ⓐ애 ⓑ재

● 단어를 듣고 따라 읽으세요. 그리고 써 보세요.
Listen and read along with word. And write. 🎧 Track 0-08

word		writing
	개구리	
	나무	
	다리	
	라디오	
	모자	
	바나나	
	새우	
	어머니	
	주스	
	하마	

한글 23

듣기 연습과 한글 쓰기 연습을 통해 한국어의 문자를 완벽하게 이해할 수 있도록 합니다.

This book helps you understand Korean letters perfectly through listening practice and writing Korean.

과마다 주제와 관련된 3개의 실용적인 대화문을 구성하였습니다. 핵심이 되는 구문을 표시를 하였습니다.

In this book, every section consists of three practical dialogues related to the topic. Within the dialogue, the core phrases are marked.

음성 파일을 들으면서 정확한 발음을 익힐 수 있습니다. 따라해 보면서 말하기 연습을 해 보세요.

You can learn the correct pronunciation from this book, through listening to audio files. By repeating it, try to practice speaking!

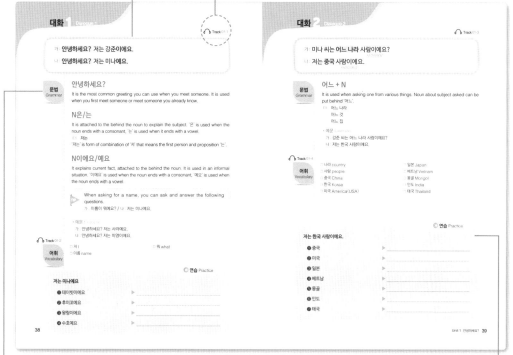

중요 표현과 문법을 설명하였고 예문도 구성하였습니다.

This book describes important expressions and grammar and gives proper examples.

말하기 연습을 통해 핵심 구문을 반복하여 익히고 말하기 능력을 향상시킬 수 있습니다.

With this book, you can learn the core phrases over and over again, and improve your speaking ability, through practice in shifts.

이 책의 구성
Quick Guide

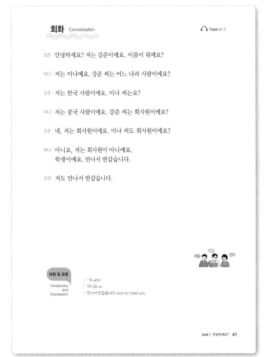

회화 Conversation

앞에서 배운 대화 구문과 문법을 다룬 회화문을
익히면서 좀 더 확장적인 회화 연습을 할 수 있습
니다.

You can practice conversation more broadly, learning
conversation sentences that deal with conversational
phrases and grammar you have learned before.

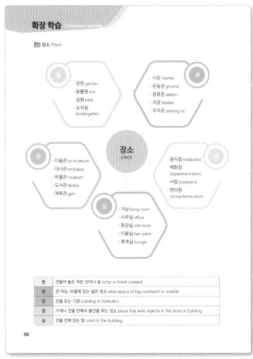

확장 학습 Extensive Learning

주제와 관련된 어휘나 간단한 표현을 추가적으로
학습할 수 있습니다.

You can learn additional vocabulary or simple
expressions related to a topic.

어휘, 듣기, 읽기, 말하기, 쓰기 문제를 구성하여 앞에서 배운 내용을 확인해 볼 수 있는 연습문제를 구성하였습니다.

This book provides many check-up questions you can figure out what you learned earlier, by including vocabulary, listening, reading, speaking, and writing questions.

❯ 연습문제 Exercise

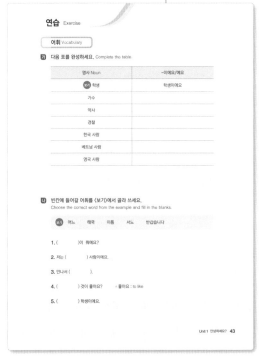

❯ 한국 문화 Korean Culture

한국의 이모저모를 엿볼 수 있는 재미있는 이야기를 담았습니다.

This book contains interesting stories that give you a glimpse of many aspects of Korea.

이 책의 구성
Quick Guide

부가 자료 more material

부록 supplement

본문 연습 문제 정답과 듣기 스크립트, 그리고 어휘 색인을 수록하였습니다.

The book contains exercise questions, listening scripts, and vocabulary indexes.

포켓북 Pocket book

본문의 회화를 모아 영어로 번역하여 수록하였고, 한국 여행을 하면서 꼭 알아두면 좋을 어휘와 표현을 상황별로 담았습니다.

This book contains a collection of conversations translated into English and also provides words and expressions that you should know about while traveling in Korea.

MP3 File

대화 부분과 듣기 문제의 음성 파일을 제공합니다. 청취 실력을 기르고 동시에 발음 연습도 해 볼 수 있습니다. 한글파크 홈페이지에서 mp3 파일을 다운 받을 수 있습니다.

This book provides audio files conversation and listening exercises. You can improve your listening skills and practice pronunciation at the same time. You can download the mp3 file from the 'Hangeul park' homepage. (https://www.sisabooks.com/hangeul)

한 가지 더!
대화 따라 하기 연습을 할 수 있는 mp3 파일을 추가로 제공합니다.

One more thing! This book provides another additional mp3 files for shadowing exercises.

목차
Table of Contents

Study Plan

"Learn the basics of Korean in 30 days!"

Day	Unit	Title	Function	Grammar	Vocabulary	Extensive Learning
1~3	0	한글 Hangeul				
4	1	안녕하세요? Hello?	인사 및 소개하기 Greeting and Introducing	만날 때 인사 Greeting when you meet N이에요/예요 be N N이/가 아니에요 be not N	은/는 be 나라 Country 직업 Job	자주 하는 인사 Frequent Greeting Expression 직업 묻고 대답하기 Ask and Answer about Job
5	2	이게 뭐예요? What is this?	사물에 대해 묻기 Asking about object	이/그/저 this/it/that N의 of N N이/가 있어요/없어요 have/do not have N	뭐 What 사물 Object	명사(사물, 인물) Noun (Object, People)
6	3	서점이 어디에 있어요? Where is a bookstore?	길 찾기 Finding the way	N에(장소) in N (place) 위치/방향 location/direction N(으)로 가세요 go to N	장소 명사 Place noun	장소 Place
7	4	아메리카노 한 잔 주세요. Please give me a cup of Americano.	주문하기 Ordering	N1하고 N2 N1 and N2 N + 주세요 I'd like N, please 숫자와 단위 명사 number and unit noun	무슨 What 숫자(고유어/한자어) Number 얼마 How much	단위 명사 Unit noun 한국의 화폐 Korean Currency
8~9		**Review 1**				
10	5	수요일에 뭐 해요? What are you doing on Wednesday?	일과 말하기1 Speaking about daily routine 1	N에(시간) at/on/in N A/V-아/어/해요 to A/V N에서(장소) in N (place)	요일 Day of the week 동사 Verb 어디 Where	동사 Verb
11	6	어제 저녁에 뭐 했어요? What did you do yesterday night?	과거 일 말하기 Speaking about fact of past	날짜 date 시간 time A/V-았/었/했어요 to A/V + -ed	날짜, 시간 date, time 월 month	달력 Calendar
12	7	떡볶이가 싸고 맛있어요. Tteokbokki is cheap and delicious.	묘사하기 Describing	N이/가 어때요? how about N? '으' 탈락 '으' elimination A-고 A and	형용사1 Adjective 1	음식 Food 맛 Taste
13	8	제주도가 서울보다 더 더워요. Jeju-do is hotter than Seoul.	비교/대조하기 Contrasting/Comparing	'ㅂ' 불규칙 'ㅂ' irregular A-지만 A but N보다 (더) than N	형용사2 Adjective 2	계절과 날씨 Season and Weather
14~15		**Review 2**				

12

Day	Unit	Title	Function	Grammar	Extensive Learning
16	9	지금 뭐 하고 있어요? What are you doing now?	일과 말하기2 Speaking about daily routine 2	V-고 있어요 V + -ing 안 + A/V not + A/V A/V-지 않아요 not + A/V	반의어 Antonym (동사/형용사 Verb/Adjective)
17	10	시간이 있으면 홍대에 갈까요? Would you like to go Hongik university street if you are free?	제안하기 Suggesting	A/V-(으)면 if V-(으)ㄹ까요? Shall we V V-고 싶어요 I'd like to V	영화 장르 Movie Genre 음악 장르 Music Genre
18	11	길이 막혀서 늦었어요. I'm late for traffic jam.	이유 말하기 Speaking about reason	A/V-아/어/해서 so 못 + V can not + V V-지 못해요 can not + V	기분과 관련된 형용사 Adjective related feelings
19	12	길이 막히니까 지하철을 타세요. The traffic was heavy so take the subway.	조언하기 Advising	V-(으)ㄹ 거예요 will + V A/V-(으)니까 so V-지 마세요 Do not + V	금지 표지 Prohibition expression
20~22			Review 3		
23	13	가방 좀 보여 주세요. Show me the bag, please.	물건 고르기 Choosing things	A-(으)ㄴ+N A + N N1 (이)나 N2 N1 or N2 V-아/어/해 주세요 / V-아/어/해 드릴게요 please V / I'll V	색깔 Color
24	14	저는 한국어를 할 수 있어요. I can speak Korean.	의무 말하기 Speaking about duty	V-(으)ㄹ 수 있어요/없어요 can V / can not V A/V-(으)ㄹ + 때 when V-아/어 /해야 해요(= 돼요) should V	운동 및 악기 Exercise and Music instrument
25	15	친구와 영화를 보기로 했어요. I am planning to see a movie with my friend.	약속 말하기 Speaking about appointment	V-기 전에 before V-기로 했어요 be planning to V V-(으)ㄴ 후에 after	하루 일과 Daily routine
26	16	네가 있어서 나도 참 즐거웠어. I was so happy to be with you.	친근하게 말하기 Speaking friendly	반말의 평서문과 의문문 declarative sentence and interrogative sentence of informal speech 반말의 청유문과 명령문 suggesting sentence and imperative sentence of informal speech V-(으)ㄹ게 willt +V	SNS 줄임 표현 Abbreviation expressions of SNS
27~30			Review 4		

13

세종대

Introduction

한글
Hangeul
(Korean Alphabet)

세종대왕
a statue of King Sejong

한글 Hangeul

The alphabet used for expressing Korean is called Hangeul. Hangeul has 21 vowels and 19 consonants, consisting of 40 characters in total.

1. Table of Vowels and Consonants

• 모음 Vowels

vowel 1	ㅏ	ㅓ	ㅗ	ㅜ	―	ㅣ	ㅐ	ㅔ
sound	[a]	[eo]	[o]	[u]	[eu]	[i]	[ae]	[e]
vowel 2	ㅑ	ㅕ	ㅛ	ㅠ		ㅢ	ㅒ	ㅖ
sound	[ya]	[yeo]	[yo]	[yu]		[ui]	[yae]	[ye]
vowel 3	ㅘ	ㅝ	ㅚ	ㅟ			ㅙ	ㅞ
sound	[wa]	[wo]	[oe]	[wi]			[wae]	[we]

• 자음 Consonants

consonant 1	ㄱ	ㄴ	ㄷ	ㄹ	ㅁ	ㅂ	ㅅ	ㅇ	ㅈ	ㅎ
sound	[g]	[n]	[d]	[r]	[m]	[b]	[s]	[ø]	[j]	[h]
consonant 2	ㅋ		ㅌ			ㅍ			ㅊ	
sound	[kh]		[th]			[ph]			[ch]	
consonant 3	ㄲ		ㄸ			ㅃ	ㅆ		ㅉ	
sound	[gg]		[dd]			[bb]	[ss]		[jj]	

• 자음 – 받침 Consonants - Final Consonants

final consonant 1	ㄱ	ㄴ	ㄷ	ㄹ	ㅁ	ㅂ	ㅅ	ㅇ	ㅈ	ㅎ
sound	[k]	[n]	[t]	[l]	[m]	[p]	[t]	[ng]	[t]	[t]
final consonant 2	ㅋ		ㅌ			ㅍ			ㅊ	
sound	[k]		[t]			[p]			[t]	
final consonant 3	ㄲ						ㅆ			
sound	[k]						[t]			

2. Syllable Structure

There are four kinds of Hangeul syllable structure.

① 모음 (V) : EX 오, 이, 애
② 자음 + 모음 (C+V) : EX 나, 소, 저
③ 모음 + 받침 (V+C) : EX 안, 일, 월
④ 자음 + 모음 + 받침 (C+V+C) : EX 공, 문, 책

3. Form of Combination

The basic combinations of Hangeul consonant and vowel are as follows according to the vowel.

① the consonant is to the left, the vowel is to the right.
(the vowel : ㅏ ㅑ ㅓ ㅕ ㅐ ㅒ ㅔ ㅖ ㅣ)

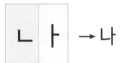

② the consonant is to the above, the vowel is to the lower part. (the vowel : ㅗ ㅛ ㅜ ㅠ ㅡ)

③ the consonant is to the left, the vowel is to the right, the final consonant is to the lower part.
(the vowel : ㅏ ㅑ ㅓ ㅕ ㅐ ㅒ ㅔ ㅖ ㅣ)

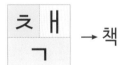

④ the consonant is to the above, the vowel is to the middle, the final consonant is to the lower part.
(the vowel : ㅗ ㅛ ㅜ ㅠ ㅡ)

⑤ the consonant is to the above of the left, the vowel is to the lower part of the right.
(the vowel : ㅘ ㅙ ㅚ ㅝ ㅞ ㅟ ㅢ)

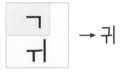

⑥ the consonant is to the above of the left, the vowel is to the lower part of the right, and the final consonant is to the very bottom. (the vowel : ㅘ ㅙ ㅚ ㅝ ㅞ ㅟ ㅢ)

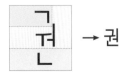

4. Mastering the letters

(1) 모음 1 Vowel 1 🎧 Track 0-01

vowel 1	sound	writing order	writing			
ㅏ	[a]		ㅏ			
ㅓ	[eo]		ㅓ			
ㅗ	[o]		ㅗ			
ㅜ	[u]		ㅜ			
─	[eu]		─			
ㅣ	[i]		ㅣ			
ㅐ	[ae]		ㅐ			
ㅔ	[e]		ㅔ			

Practice 1

Write. (When you write a vowel without a consonant, you put 'ㅇ' at the beginning.)

아	아					
어	어					
오	오					
우	우					
으	으					
이	이					
애	애					
에	에					

한글 Hangeul

◉ Practice 2

🔹 듣고 따라 하세요.　Listen and repeat.　🎧Track **0-02**

　□아　□어　□오　□우　□으　□이　□애　□에

🔹 듣고 알맞은 것을 고르세요.　Listen and choose the correct word.　🎧Track **0-03**

1) ㉠아　　㉡어
2) ㉠오　　㉡우
3) ㉠으　　㉡이

🔹 단어를 듣고 따라 읽으세요. 그리고 써 보세요.
Listen and read along with the word. And write.　🎧Track **0-04**

word		writing		
	오			
	이			
	오이			
	아이			
	아우			

(2) 자음 1 Consonant 1 🎧 Track 0-05

consonant 1	sound	writing order	writing			
ㄱ	[g]		ㄱ			
ㄴ	[n]		ㄴ			
ㄷ	[d]		ㄷ			
ㄹ	[r]		ㄹ			
ㅁ	[m]		ㅁ			
ㅂ	[b]		ㅂ			
ㅅ	[s]		ㅅ			
ㅇ	[Ø]		ㅇ			
ㅈ	[j]		ㅈ			
ㅎ	[h]		ㅎ			

◉ Practice 1

💧 Write.

vowel 1 / consonant 1	ㅏ	ㅓ	ㅗ	ㅜ	ㅡ	ㅣ	ㅐ	ㅔ
ㄱ	가							
ㄴ			노					
ㄷ		더						
ㄹ						리		
ㅁ					므			
ㅂ							배	
ㅅ						시		
ㅇ								에
ㅈ				주				
ㅎ			호					

● Practice 2

🎧 듣고 따라 하세요. Listen and repeat. 🎧 Track **0-06**

☐가 ☐나 ☐다 ☐라 ☐마 ☐바 ☐사 ☐아 ☐자 ☐하

🎧 듣고 알맞은 것을 고르세요. Listen and choose the correct word. 🎧 Track **0-07**

1) ㉠ 가   ㉡ 마   2) ㉠ 너   ㉡ 버   3) ㉠ 로   ㉡ 소
4) ㉠ 두   ㉡ 후   5) ㉠ 애   ㉡ 재

🎧 단어를 듣고 따라 읽으세요. 그리고 써 보세요.

Listen and read along with word. And write. 🎧 Track **0-08**

word		writing		
개구리				
나무				
다리				
라디오				
모자				
바나나				
새우				
어머니				
주스				
하마				

한글 Hangeul

(3) 모음 2 Vowel 2 🎧 Track **0-09**

vowel 2	sound	writing order	writing				
ㅑ	[ya]		ㅑ				
ㅕ	[yeo]		ㅕ				
ㅛ	[yo]		ㅛ				
ㅠ	[yu]		ㅠ				
ㅢ	[ui]		ㅢ				
ㅒ	[yae]		ㅒ				
ㅖ	[ye]		ㅖ				

◉ Practice 1

💧 Write.

vowel 2 / consonant 1	ㅑ	ㅕ	ㅛ	ㅠ	ㅢ	ㅒ	ㅖ
ㄱ			교				
ㄴ					늬		

24

vowel 2 / consonant 1	ㅑ	ㅕ	ㅛ	ㅠ	ㅢ	ㅒ	ㅖ
ㄷ	댜						
ㄹ				류			
ㅁ			묘				
ㅂ		벼					
ㅅ			쇼				
ㅇ						얘	
ㅈ				쥬			
ㅎ							혜

● Practice 2

듣고 따라 하세요.   Listen and repeat.   🎧Track **0-10**

    □야   □여   □요   □유   □의   □얘   □예

듣고 알맞은 것을 고르세요.   Listen and choose the correct word.   🎧Track **0-11**

    1) ㉠야   ㉡여   2) ㉠요   ㉡유   3) ㉠의   ㉡예

한글 Hangeul

단어를 듣고 따라 읽으세요. 그리고 써 보세요.
Listen and read along with word. And write. 🎧 Track **0-12**

word		writing		
	야구			
	여우			
	요가			
	우유			
	의자			
	시계			

(4) 모음 3 Vowel 3 🎧 Track **0-13**

vowel 3	sound	writing order	writing			
ㅘ	[wa]	ㅘ	ㅘ			
ㅝ	[wo]	ㅝ	ㅝ			
ㅚ	[oe]	ㅚ	ㅚ			
ㅟ	[wi]	ㅟ	ㅟ			
ㅙ	[wae]	ㅙ	ㅙ			
ㅞ	[we]	ㅞ	ㅞ			

Practice 1

Write.

vowel 3 / consonant 1	ㅘ	ㅝ	ㅚ	ㅟ	ㅙ	ㅞ
ㄱ	과					
ㄴ			뇌			
ㄷ		둬				
ㄹ				뤼		
ㅁ		뭐				
ㅂ					봬	
ㅅ						쉐
ㅇ					왜	
ㅈ				쥐		
ㅎ						훼

Practice 2

듣고 따라 하세요. Listen and repeat. 🎧 Track 0-14

☐ 와   ☐ 워   ☐ 외   ☐ 위   ☐ 왜   ☐ 웨

듣고 알맞은 것을 고르세요. Listen and choose the correct word. 🎧 Track 0-15

1) ㉠ 와   ㉡ 워   2) ㉠ 위   ㉡ 외   3) ㉠ 워   ㉡ 왜

한글 Hangeul

💧 단어를 듣고 따라 읽으세요. 그리고 써 보세요.
Listen and read along with word. And write. 🎧 Track **0-16**

word		writing		
	과자			
	샤워			
	귀			
	회사			
	돼지			
	스웨터			

(5) 자음 2 Consonant 2 🎧 Track **0-17**

consonant 2	sound	writing order	writing			
ㅋ	[kh]	ㅋ	ㅋ			
ㅌ	[th]	ㅌ	ㅌ			
ㅍ	[ph]	ㅍ	ㅍ			
ㅊ	[ch]	ㅊ	ㅊ			

28

Practice 1

Write.

vowel 3 / consonant 2	ㅘ	ㅝ	ㅚ	ㅟ	ㅙ	ㅞ
ㅋ					쾌	
ㅌ			퇴			
ㅍ						풰
ㅊ		춰				

Practice 2

듣고 따라 하세요. Listen and repeat. 🎧 Track **0-18**

☐카 ☐타 ☐파 ☐차

듣고 알맞은 것을 고르세요. Listen and choose the correct word. 🎧 Track **0-19**

1) ㉠가 ㉡카 2) ㉠다 ㉡타
3) ㉠바 ㉡파 4) ㉠자 ㉡차

단어를 듣고 따라 읽으세요. 그리고 써 보세요.
Listen and read along with word. And write. 🎧 Track **0-20**

word		writing		
	케이크			
	토마토			
	커피			
	치마			

(6) 자음 3 Consonant 3 🎧 Track **0-21**

consonant 3	sound	writing order	writing			
ㄲ	[gg]	ㄲ	ㄲ			
ㄸ	[dd]	ㄸ	ㄸ			
ㅃ	[bb]	ㅃ	ㅃ			
ㅆ	[ss]	ㅆ	ㅆ			
ㅉ	[jj]	ㅉ	ㅉ			

◉ Practice 1

💧 Write.

consonant 3 \ vowel 1	ㅏ	ㅓ	ㅗ	ㅜ	ㅡ	ㅣ
ㄲ		꺼				
ㄸ			또			
ㅃ				뿌		
ㅆ					쓰	
ㅉ	짜					

● Practice 2

🔊 듣고 따라 하세요. Listen and repeat. 🎧 Track **0-22**

　□ 까　　□ 따　　□ 빠　　□ 싸　　□ 짜

🔊 듣고 알맞은 것을 고르세요. Listen and choose the correct word. 🎧 Track **0-23**

1) ㉠ 가　　　㉡ 까
2) ㉠ 다　　　㉡ 따
3) ㉠ 바　　　㉡ 빠
4) ㉠ 사　　　㉡ 싸
5) ㉠ 자　　　㉡ 짜

🔊 단어를 듣고 따라 읽으세요. 그리고 써 보세요.

Listen and read along with word. And write. 🎧 Track **0-24**

word		writing		
	토끼			
	허리띠			
	뽀뽀			
	쓰레기			
	찌개			

한글 Hangeul

(7) 자음–받침 Consonant - Final consonant 🎧 Track **0-25**

consonant - final consonant	sound	example of organization
ㄱ ㅋ ㄲ	[k]	구 + ㄱ → 국 녀 + ㅋ → 녘 바 + ㄲ → 밖
ㄴ	[n]	도 + ㄴ → 돈
ㄷ ㅅ ㅈ ㅌ ㅆ ㅊ ㅎ	[t]	오 + ㅅ → 옷, 나 + ㅈ → 낮 미 + ㅌ → 밑, 꼬 + ㅊ → 꽃
ㄹ	[l]	무 + ㄹ → 물
ㅁ	[m]	사 + ㅁ → 삼
ㅂ ㅍ	[p]	바 + ㅂ → 밥 여 + ㅍ → 옆
ㅇ	[ng]	바 + ㅇ → 방

● Practice 1

🐚 Write.

consonant	vowel	final consonant		
ㄱ	ㅗ	ㅇ	→	공
ㄱ	ㅡ	ㄹ	→	
ㄴ	ㅓ	ㅎ	→	
ㄷ	ㅏ	ㅊ	→	
ㄹ	ㅐ	ㅂ	→	
ㅁ	ㅝ	ㄹ	→	
ㅂ	ㅕ	ㅇ	→	
ㅅ	ㅟ	ㅁ	→	
ㅇ	ㅓ	ㅆ	→	
ㅈ	ㅗ	ㅁ	→	

consonant	vowel	final consonant		
ㅎ	ㅝ	ㄹ	→	
ㅋ	ㅖ	ㅇ	→	
ㅌ	ㅐ	ㄱ	→	
ㅍ	ㅕ	ㅇ	→	
ㅊ	ㅏ	ㅈ	→	
ㄲ	ㅓ	ㄲ	→	
ㄸ	ㅏ	ㅎ	→	
ㅃ	ㅑ	ㅁ	→	
ㅆ	ㅔ	ㄴ	→	
ㅉ	ㅣ	ㅈ	→	

● Practice 2

● 듣고 따라 하세요. Listen and repeat. 🎧 Track **0-26**

☐국   ☐녘   ☐밖

☐돈

☐옷   ☐낮   ☐밑   ☐꽃

☐물

☐삼

☐밥   ☐옆

☐방

● 듣고 알맞은 것을 고르세요. Listen and choose the correct word. 🎧 Track **0-27**

1) ㉠각   ㉡강
2) ㉠밭   ㉡밤
3) ㉠맛   ㉡만
4) ㉠삼   ㉡삽
5) ㉠앞   ㉡알

단어를 듣고 따라 읽으세요. 그리고 써 보세요.

Listen and read along with word. And write. 🎧Track **0-28**

word		writing		
	책			
	산			
	선물			
	엄마			
	사람			
	입술			
	사랑			

◉ Practice 3

듣고 쓰세요.　Listen and Write. 🎧Track **0-29**

1)
_____

2)
_____

3)
_____

4)
_____

5)
_____

6)
_____

Unit 1

안녕하세요?

Hello?

학습 목표
the aims of the lesson

인사 및 소개하기
Greeting and Introducing

- 만날 때 인사 Greeting when you meet
- N이에요/예요 be N
- N이/가 아니에요 be not N

생각해 보세요
Think about it

- How tell one's name and job?
- How to ask about your nationality and answer it?

🎧 Track 01-1

가 : **안녕하세요? 저는 강준이에요.**

나 : **안녕하세요? 저는 미나예요.**

안녕하세요?

It is the most common greeting you can use when you meet someone. It is used when you first meet someone or meet someone you already know.

N은/는

It is attached to the behind the noun to explain the subject. '은' is used when the noun ends with a consonant, '는' is used when it ends with a vowel.

EX 저는

'저는' is form of combination of '저' that means the first person and proposition '는'.

N이에요/예요

It explains current fact, attached to the behind the noun. It is used in an informal situation. '이에요' is used when the noun ends with a consonant, '예요' is used when the noun ends with a vowel.

>
> TIP
> When asking for a name, you can ask and answer the following questions.
> 가 : 이름이 뭐예요? / 나 : 저는 미나예요.

• 예문 Example
　가 : 안녕하세요? 저는 사라예요.
　나 : 안녕하세요? 저는 미영이에요.

□ 저 I   □ 뭐 what
□ 이름 name

》》**연습** Practice

저는 미나예요

❶ 데이빗이에요　　　　　　▶ _____

❷ 후미꼬예요　　　　　　　▶ _____

❸ 왕링이에요　　　　　　　▶ _____

❹ 수호예요　　　　　　　　▶ _____

Track 01-3

가 : 미나 씨는 **어느 나라** 사람이에요?
사라미에요

나 : 저는 **중국** 사람이에요.
사라미에요

문법
Grammar

어느 + N

It is used when asking one from various things. Noun about subject asked can be put behind '어느'.

EX 어느 나라
어느 것
어느 집

• 예문 Example
가 : 강준 씨는 어느 나라 사람이에요?
나 : 저는 한국 사람이에요.

Track 01-4

어휘
Vocabulary

☐ 나라 country
☐ 사람 people
☐ 중국 China
☐ 한국 Korea
☐ 미국 America(USA)

☐ 일본 Japan
☐ 베트남 Vietnam
☐ 몽골 Mongol
☐ 인도 India
☐ 태국 Thailand

» 연습 Practice

저는 한국 사람이에요.

❶ 중국 ▶ _____
❷ 미국 ▶ _____
❸ 일본 ▶ _____
❹ 베트남 ▶ _____
❺ 몽골 ▶ _____
❻ 인도 ▶ _____
❼ 태국 ▶ _____

🎧 Track 01-5

가 : 미나 씨는 선생님이에요?

나 : 아니요, 저는 선생님*선생니미에요*이 아니에요. 학생이에요.

문법
Grammar

N이/가 아니에요

It is used to deny the current fact, following noun or name. It is used in informal situation. '이' is used when the noun or name ends with a consonant, '가' is used when the noun or name ends with a vowel.

• **예문** Example

가 : 강준 씨는 회사원이에요?

나 : 아니요, 저는 회사원이 아니에요.

🎧 Track 01-6

어휘
Vocabulary

□ 선생님 teacher   □ 의사 doctor
□ 학생 student   □ 경찰 police
□ 회사원 company worker   □ 가수 singer

》 연습 Practice

저는 학생이 아니에요.

❶ 의사가 ▶ _____

❷ 경찰이 ▶ _____

❸ 가수가 ▶ _____

❹ 한국 사람이 ▶ _____

❺ 중국 사람이 ▶ _____

강준 : 안녕하세요? 저는 강준이에요. 이름이 뭐예요?

미나 : 저는 미나예요. 강준 씨는 어느 나라 사람이에요?

강준 : 저는 한국 사람이에요. 미나 씨는요?

미나 : 저는 중국 사람이에요. 강준 씨는 회사원이에요?

강준 : 네, 저는 회사원이에요. 미나 씨도 회사원이에요?

미나 : 아니요, 저는 회사원이 아니에요.
　　　학생이에요. 만나서 반갑습니다.

강준 : 저도 만나서 반갑습니다.

어휘 및 표현

Vocabulary
and
Expression

☐ -도 also
☐ 아니요 no
☐ 만나서 반갑습니다 nice to meet you

확장 학습 Extensive Learning

📁 자주 하는 인사 Frequent Greeting Expression

▽ 만났을 때 When you meet

- 안녕하세요? Hello.
- 만나서 반갑습니다. Nice to meet you.
- 처음 뵙겠습니다. How do you do?

▽ 헤어질 때 When you say goodbye

- 안녕히 가세요. Good bye.
- 안녕히 계세요. Good bye.
- 또 만나요. See you again.
- 다음에 뵙겠습니다. See you next time.

▽ 고마울 때 When you feel thankful

- 가: 고맙습니다. / 감사합니다.
  Thank you.
- 나: 천만에요. You're welcome.

▽ 미안할 때 When you feel sorry

- 가: 미안합니다. / 죄송합니다.
  I'm sorry.
- 나: 괜찮습니다. I don't care.

📁 직업 묻고 대답하기 Ask and Answer about Job

- 무슨 일을 하세요?
  What do you do?
- 직업이 뭐예요?
  What is your job?

- 저는 회사원이에요.
  I'm a company worker.
- 저는 의사예요.
  I'm a doctor.
- 저는 학생이에요.
  I'm a student.

연습 Exercise

어휘 Vocabulary

가 다음 표를 완성하세요. Complete the table.

명사 Noun	-이에요/예요
보기 학생	학생이에요
가수	
약사	
경찰	
한국 사람	
베트남 사람	
영국 사람	

나 빈칸에 들어갈 어휘를 〈보기〉에서 골라 쓰세요.
Choose the correct word from the example and fill in the blanks.

보기   어느   태국   이름   저도   반갑습니다

1. (   )이 뭐예요?

2. 저는 (   ) 사람이에요.

3. 만나서 (   ).

4. (   ) 것이 좋아요?   *좋아요 : to like

5. (   ) 학생이에요.

연습 Exercise

듣기 Listening

가 대화를 잘 듣고 빈칸을 채워 보세요. Listen carefully and fill the blanks. 🎧 Track 01-8

강준 : 안녕하세요? 저는 강준이에요. ＿＿＿＿＿＿＿이 뭐예요?

미나 : 저는 미나예요. 강준 씨는 ＿＿＿＿＿＿ 사람이에요?

강준 : 저는 한국 사람이에요. 미나 씨는요?

미나 : 저는 중국 사람이에요.

나 다음을 듣고 관련 있는 그림을 골라 보세요. 🎧 Track 01-9
Listen carefully and choose the relevant pictures.

1.
  ① ② ③

2.
  ① ② ③

44

읽기 Reading 🎧 Track 01-10

➕ **억양과 발음에 주의하여 다음 문장을 읽어 보세요.**
Pay attention to the accent and pronunciation and read the following sentences.

1. 안녕하세요?

2. 저는 요리사가 아니에요.

3. 저는 태국 사람이에요.
　　　　　　사라미에요

4. 만나서 반갑습니다.
　　　　　　반갑씀니다

말하기 Speaking 🎧 Track 01-11

➕ **다음 문장을 듣고 대답해 보세요.**
Listen the following and answer.

1. (이름) ⇨ _____

2. (나라) ⇨ _____

3. (직업) ⇨ _____

연습 Exercise

쓰기 Writing

가 다음 단어를 이용해서 문장을 만들어 보세요.
Make a sentence using following words.

1. 나라, 사람, 어느, 이에요   ⇨ _____ ?

2. 중국, 저는, 이에요, 사람   ⇨ _____ .

3. 아니에요, 미국, 저는, 사람이   ⇨ _____ .

나 여러분에 대해 소개해 보세요.
Introduce yourself.

이름   저는 _____

나라   저는 _____

직업   저는 _____

SELF ASSESSMENT

😊 EVALUATE YOUR ABILITY!

● I know _____ vocabularies learned today.   more than 10 | 9~6 | less than 5

● I can use _____ among three expressions learned today.   3 | 2 | 1

● I can express "No, I'm not a student." in Korean.

_____

한국 문화 Korean Culture

한국어에는 높임말과 반말이 있어요.

Korean has both polite form and informal speech.

안녕하세요?

안녕하세요?

무슨 일을 하세요?

저는 학생이에요.
지민 씨는요?

저는 회사원이에요.

만나서 반갑습니다.

저도 만나서 반갑습니다.

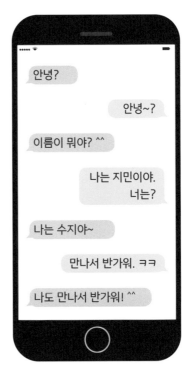

안녕?

안녕~?

이름이 뭐야? ^^

나는 지민이야.
너는?

나는 수지야~

만나서 반가워. ㅋㅋ

나도 만나서 반가워! ^^

Korean has different ways of speech according to the opponent being talked to. When talking to people like your parents or teacher, who are older than you, has a higher status or people you don't well, formal form should be used, whereas in case of younger children or close people informal speech should be used. Nowadays, informal speech is used more commonly than before. However, one should take notice that ill-considered use of informal speech may make the opponent feel inconvenient, hence one needs to know when to choose formal form according to situation.

Unit 2

이게 뭐예요?

What is this?

학습 목표
the aims of the lesson

사물에 대해 묻기 Asking about object

- 이/그/저 this/it/that
- N의 of N
- N이/가 있어요/없어요
  have/do not have N

생각해 보세요
Think about it

- How do you ask about object?
- How do you introduce your family?

가: **이게 뭐예요?**

나: **한국어 책이에요.**

이/그/저

'이' is used to point at the thing close to the speaker. '그' is used to point at the thing close to the listener. '저' is used to point at the thing away from both the speaker and the listener. In colloquial language, '이거, 그거, 저거' are used when these are used independently without noun. '이게, 그게, 저게' are used when these are used as subject.

뭐

It is used to ask about something unknown. It is a colloquial expression.

EX 이 음식이 뭐예요? / 그게 뭐예요?

누구

It is used to ask about someone unknown. It is a colloquial expression.

EX 이 사람이 누구예요? / 저분이 누구예요?

• 예문 Example

가: 이분이 누구예요?

나: 어머니예요.

🎧 Track 02-2

어휘
Vocabulary

□ 한국어 [한구거] Korean language
□ 책 book
□ 음식 food
□ 이분 this person

□ 어머니 mother
□ 물건 object
□ 그분 that person

>> **연습** Practice

이게   뭐예요?

❶ 저게   ▶ _____
❷ 그 물건이   ▶ _____

저 사람이 누구예요?

❶ 이분이   ▶ _____
❷ 그분이   ▶ _____

🎧 Track 02-3

가 : 누구의 책이에요?
　　　채기에요
나 : 사라 씨의 책이에요.
　　　채기에요

문법
Grammar

N의

It is used to describe that the first noun belongs the feature of the second noun, attached between noun and noun. It is pronounced as '의' or '에'.

EX　미나의 가방
　　　강준 씨의 직업

In colloquial language, '의' is usually omitted.

EX　미나(의) 가방
　　　강준 씨(의) 직업

> It is used as abbreviation when it is used with pronoun.
> EX　나 + 의 → 내　　　저 + 의 → 제

• 예문 Example
가 : 누구 가방이에요?
나 : 제 가방이에요.

🎧 Track 02-4

어휘
Vocabulary

☐ 가방 bag
☐ 옷 clothes
☐ 친구 friend
☐ 사진 picture
☐ 동생 younger brother(sister)

☐ 인형 doll
☐ 엄마 mother
☐ 지갑 wallet
☐ 여권 [여꿘] passport

≫ **연습** Practice

민수 씨의 　가방이에요.

❶ 선생님　옷　　　▶ _____
❷ 친구　　사진　　▶ _____
❸ 제 동생　인형　▶ _____
❹ 엄마　　지갑　　▶ _____
❺ 강준 씨　여권　▶ _____

가 : 강준 씨는 영어 사전이 있어요?
    이써요
나 : 아니요, 저는 영어 사전이 없어요.
    업써요

문법
Grammar

N이/가 있어요/없어요

It is used to express belong of person or object. '이/가 있어요' is used to express 'to have' and '이/가 없어요' is used to express 'not to have'. It is used in informal situation. '이' is used when the noun ends with a consonant, '가' is used when the noun ends with a vowel.

TIP In colloquial language, '이/가' is usually omitted.
EX 저는 돈(이) 없어요.

• 예문 Example
가 : 미나 씨는 언니가 있어요?
나 : 아니요, 저는 언니가 없어요.

🎧 Track 02-6

어휘
Vocabulary

☐ 영어 사전 English dictionary
☐ 돈 money
☐ 언니 sister
☐ 카메라 camera

☐ 남자 친구 boyfriend
☐ 핸드폰 cellular phone
☐ 전화번호 phone number
☐ 자동차 car

≫ **연습** Practice

저는 **카메라가** 있어요. / 저는 **카메라가** 없어요.

❶ 남자 친구가   ▶ _____ / _____
❷ 핸드폰이   ▶ _____ / _____
❸ 한국 전화번호가 ▶ _____ / _____
❹ 여권이   ▶ _____ / _____
❺ 자동차가   ▶ _____ / _____
❻ 동생이   ▶ _____ / _____

강준 : 미나 씨, 이게 뭐예요?

미나 : 저희 가족사진이에요.

강준 : 이분은 누구예요?

미나 : 제 어머니예요.

강준 : 이분은요?

미나 : 제 여동생이에요. 강준 씨도 여동생이나 남동생이 있어요?

강준 : 아니요, 없어요.

☐ 저희 our
☐ 가족사진 family photograph
☐ 여동생 younger sister

☐ 남동생 younger brother
☐ -이나 or

확장 학습 Extensive Learning

📁 명사 (사물, 인물) Noun (Object, People)

물건 Object

- 컴퓨터 computer
- 노트북(컴퓨터) laptop
- 배터리 battery
- 충전기 charger
- 텔레비전 television
- 의자 chair
- 책상 desk
- 볼펜 ball point
- 공책 notebook
- 열쇠 key
- 우산 umbrella

가족 Family

- 할머니 grandmother
- 할아버지 grandfather
- 어머니 mother
- 아버지 father
- 누나 sister (when someone is male)
- 형 brother (when someone is male)
- 언니 sister (when someone is female)
- 오빠 brother (when someone is female)
- 여동생 younger sister
- 남동생 younger brother

N이/가 있어요/없어요

과일 Fruit

- 사과 apple
- 배 pear
- 복숭아 peach
- 수박 watermelon
- 귤 mandarin
- 오렌지 orange
- 포도 grape
- 딸기 strawberry
- 바나나 banana
- 파인애플 pineapple
- 망고 mango

연습 Exercise

어휘 Vocabulary

가 다음 표를 완성하세요. Complete the table.

이	그	저
보기 이거	그거	저거
이게		
이분		
이 사람		
이 물건		
이 음식		
이 노래		

나 빈칸에 들어갈 어휘를 〈보기〉에서 골라 쓰세요.
Choose the correct word from the example and fill in the blanks.

보기 누구   뭐   제   없어요   누구의

1. 이게 (   )예요?

2. 이 사람은 (   )예요?

3. 이분은 (   ) 어머니예요.

4. 저는 남자 친구가 (   ).

5. (   ) 연필이에요?

연습 Exercise

가 대화를 잘 듣고 빈칸을 채워 보세요. Listen carefully and fill the blanks. 🎧 Track 02-8

> 강준 : 미나 씨, 이게 뭐예요?
>
> 미나 : 저희 _____이에요.
>
> 강준 : 이분은 누구예요?
>
> 미나 : 제 _____예요.

나 다음을 듣고 관련 있는 그림을 골라 보세요. 🎧 Track 02-9
Listen carefully and choose the relevant pictures.

1.

①    ②   ③

2.

①    ②   ③

➕ **다음 문장을 읽어 보세요.** Read the following.

1. 이게 뭐예요?

2. 누구의 책이에요?

3. 제 동생의 사진이에요.

4. 아니요, 저는 한국 전화번호가 없어요.
　　　　　저놔버노가 업써요

말하기 Speaking 🎧 Track 02-11

➕ **다음 문장을 듣고 대답해 보세요.**
Listen the following and answer.

1. (영어 사전) ⇨ _____

2. (친구)　　⇨ _____

3. 아니요, _____

연습 Exercise

가 다음 단어를 이용해서 문장을 만들어 보세요.
Make a sentence using following words.

1. 이것은, 카메라, 의, 예요, 친구 ⇨ _____ .

2. 한국어 책, 영어 책이, 이나, 있어요 ⇨ _____ ?

3. 없어요, 여권, 저는, 이 ⇨ _____ .

나 가족을 그려 보고 여러분의 가족을 소개해 보세요.
Draw your family and introduce your family.

33,530 likes
#가족 #가족사진 #아빠 #엄마

이분은 _____
이분은 _____
이분은 _____

SELF ASSESSMENT

📋 EVALUATE YOUR ABILITY!

- I know _____ vocabularies learned today. | more than 10 | 9~6 | less than 5 |

- I can use _____ among three expressions learned today. | 3 | 2 | 1 |

- I can express "I don't have younger brother." in Korean.

_____

58

막걸리
Makgeolli

경기도 포천시
'이동막걸리'

서울특별시
'서울장수막걸리'

강원도 정선군
'정선아우라지옥수수막걸리'

경기도 고양시
'배다리막걸리'

대구광역시
'불로막걸리'

부산광역시
'생탁'

충청도 진천시
'덕산쌀막걸리'

제주도 제주시
'제주쌀막걸리'

광주광역시
'비아생막걸리'

대전광역시
'대전 청수 쌀먹걸리'

Most of you must have heard about Soju. Right. Soju is Korean famous alcoholic drink. But, there is another special drink in Korea. It is called 'rice wine'. Korean makgeolli (rice wine) has different taste in each region due to use of different ingredients. Munkyeong has 'Omija Rice Wine', Gongju has 'Chestnut Rice Wine', Gapyeong has 'Pine Nut Rice Wine', Jirisan has 'Corn Oil Rice Wine', Damyang has 'Jukhyang Rice Wine', and Songsan has 'Grape Rice Wine'. The fact that there are 800 rice wine breweries all over Korea, if you have a chance to visit, it would be a nice experience to taste local rice wines on the places you visit. Of course, if you are over legal age of drinking.

Unit 3

서점이 어디에 있어요?

Where is a bookstore?

학습 목표
the aims of the lesson

길 찾기 Finding the way

- N에(장소) in N (place)
- 위치/방향 location/direction
- N(으)로 가세요 go to N

생각해 보세요
Think about it

- How to ask the directions when you don't know the way?
- How to respond when informed about the directions?

서울 한강 시민 공원
Seoul Hangang Park

가 : 이 근처에 서점이 있어요?

나 : 네, 있어요.

N에(Place)

It is used after location or place nouns with '있어요/없어요'.

• 예문 Example

가 : 편의점에 신발이 있어요?

나 : 아니요, 없어요.

☐ 근처 near
☐ 서점 bookstore
☐ 편의점 [펴니점] convenience store
☐ 신발 shoes
☐ 주변 around

☐ 마트 mart
☐ 필통 pencil case
☐ 연필 pencil
☐ 식당 [식땅] restaurant
☐ 비빔밥 [비빔빱] bibimbap

》 연습 Practice

이 근처에　편의점이 있어요?

❶ 주변　　마트가　　　　　　▶ _____

❷ 필통　　연필이　　　　　　▶ _____

❸ 가방　　책이　　　　　　　▶ _____

❹ 집　　　언니가　　　　　　▶ _____

❺ 식당　　비빔밥이　　　　　▶ _____

🎧 Track 03-3

> 가 : 서점이 어디에 있어요?
>
> 나 : 병원 옆에 있어요.
> *여페 이써요*

문법
Grammar

어디

It is used for describing unknown places.

Location/Direction

앞 front	뒤 back	옆 next	오른쪽 right	왼쪽 left
안 inside	밖 outside	위 above	아래 bottom	건너편 opposite side

> **TIP**
> (장소 1)과/와 (장소 2) 사이 : between 'Place 1' and 'Place 2'
> If there is a consonant at the end of Place 1 '과' is used, else '와' is used.

• 예문 Example

> 가 : 도서관이 어디에 있어요?
>
> 나 : 교실과 운동장 사이에 있어요.

🎧 Track 03-4

어휘
Vocabulary

□ 도서관 library
□ 교실 classroom
□ 운동장 ground
□ 지하철역 [지하철력] subway station
□ 백화점 [배콰점] department

□ 병원 hospital
□ 미용실 hair salon
□ 커피숍 coffee shop
□ 영화관 theater
□ 은행 bank

≫ **연습** Practice

지하철역   뒤에 있어요.

❶ 백화점   앞   ▶ _____

❷ 병원   건너편   ▶ _____

❸ 미용실   옆   ▶ _____

❹ 커피숍   오른쪽   ▶ _____

❺ 영화관과 은행   사이   ▶ _____

🎧 Track 03-5

가 : 슈퍼마켓에 어떻게 가요?

나 : 여기에서 오른쪽으로 가세요.

문법
Grammar

N(으)로

It comes after location noun to express moving to that direction. If last stem of the noun ends with a consonant '으로' is used, if it ends with a vowel or with 'ㄹ', '로' is used.

-(으)세요

Combined with the stem of verb, it is used when asking, offering or commanding someone for something. It is used in casual situations. When the last syllable of the stem has a consonant '-으세요' is used, when it is a vowel '-세요' is used.

• 예문 Example
가 : 영화관에 어떻게 가요?
나 : 여기에서 앞으로 쭉 가세요.

🎧 Track 03-6

어휘
Vocabulary

☐ 어떻게 [어떠케] how
☐ 가다 to go

☐ 여기에서 from here
☐ 쭉 (= 곧장, 똑바로) straight

≫ 연습 Practice

여기에서 오른쪽으로 가세요.

❶ 왼쪽으로 ▶ _____

❷ 옆으로 ▶ _____

❸ 뒤로 ▶ _____

미나: 강준 씨, 이 근처에 서점이 있어요?

강준: 네, 있어요.

미나: 서점이 어디에 있어요?

강준: 지하철역 근처에 있어요.

미나: 저는 지하철역을 몰라요. 여기에서 어떻게 가요?

강준: 앞으로 100미터쯤 쭉 가세요. 그리고 왼쪽으로 가세요.
거기에 지하철역이 있어요. 서점은 지하철역 뒤에 있어요.

미나: 알겠어요. 감사합니다.

어휘 및 표현

Vocabulary and Expression

□ -을/를 몰라요 to do not know
□ 100미터 100m
□ N쯤 about N

□ 그리고 and
□ 알겠어요 I got it

확장 학습 Extensive Learning

📁 장소 Place

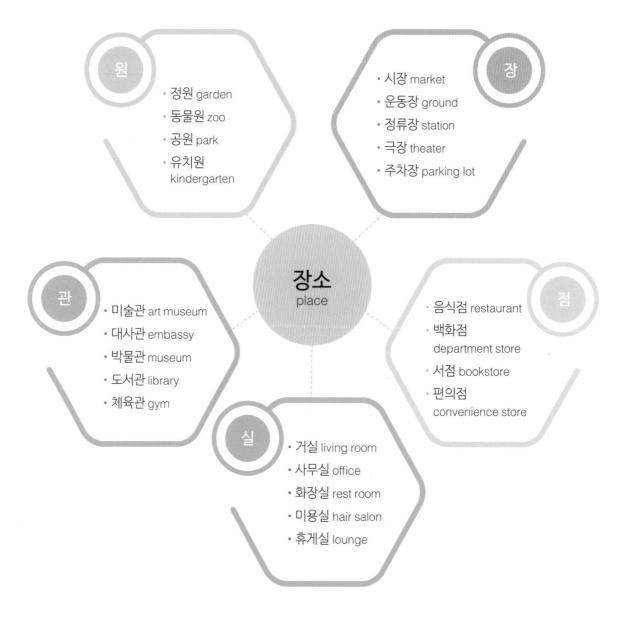

원
- 정원 garden
- 동물원 zoo
- 공원 park
- 유치원 kindergarten

장
- 시장 market
- 운동장 ground
- 정류장 station
- 극장 theater
- 주차장 parking lot

관
- 미술관 art museum
- 대사관 embassy
- 박물관 museum
- 도서관 library
- 체육관 gym

장소 place

점
- 음식점 restaurant
- 백화점 department store
- 서점 bookstore
- 편의점 convenience store

실
- 거실 living room
- 사무실 office
- 화장실 rest room
- 미용실 hair salon
- 휴게실 lounge

원	만들어 놓은 작은 산이나 숲 tump or forest created
장	큰 마당, 바깥에 있는 넓은 장소 wide space of big courtyard or outside
관	건물 또는 기관 building or institution
점	가게나 건물 안에서 물건을 파는 장소 place that sells objects in the store or building
실	건물 안에 있는 방 room in the building

연습 Exercise

어휘 Vocabulary

가 그림에 알맞은 어휘를 〈보기〉에서 골라 쓰세요.
Choose the correct word related picture from the example and fill the blanks.

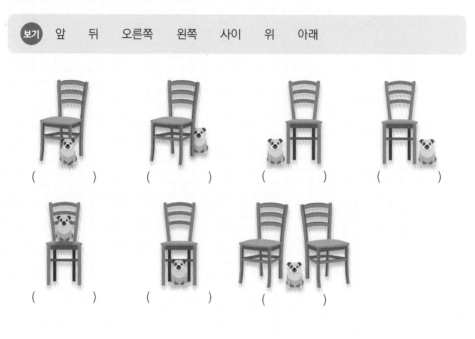

> **보기** 앞 뒤 오른쪽 왼쪽 사이 위 아래

(   )   (   )   (   )   (   )

(   )   (   )   (   )

나 빈칸에 들어갈 어휘를 〈보기〉에서 골라 쓰세요.
Choose the correct word from the example and fill in the blanks.

> **보기** 근처 쭉 어떻게 쯤 그리고

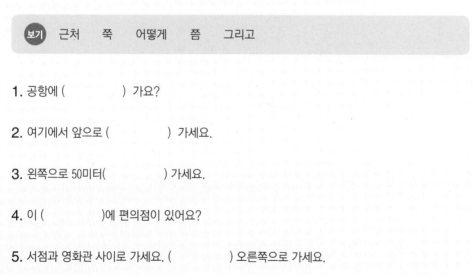

1. 공항에 (   ) 가요?

2. 여기에서 앞으로 (   ) 가세요.

3. 왼쪽으로 50미터(   ) 가세요.

4. 이 (   )에 편의점이 있어요?

5. 서점과 영화관 사이로 가세요. (   ) 오른쪽으로 가세요.

연습 Exercise

가 대화를 잘 듣고 빈칸을 채워 보세요. Listen the following and fill the blanks. 🎧 Track 03-8

미나 : 서점이 어디에 있어요?

강준 : 지하철역 _____에 있어요.

미나 : 저는 지하철역을 몰라요. 여기에서 어떻게 가요?

강준 : 앞으로 100미터쯤 _____ 가세요. 그리고 왼쪽으로 가세요.

나 다음을 듣고 가려는 곳을 찾아보세요. 🎧 Track 03-9
Listen the following and find the place to go.

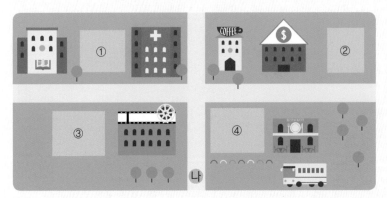

1. 미용실이 어디에 있어요? Where is the hair salon?
   ①   ②   ③   ④

2. 편의점이 어디에 있어요? Where is the convenience store?
   ①   ②   ③   ④

➕ **다음 문장을 읽어 보세요.** Read the following.

1. 이 근처에 한국 식당이 있어요?

2. 백화점이 어디에 있어요?
   배콰저미 어디에 이써요

3. 지하철역에 어떻게 가요?
   지하철려게 어떠케 가요

4. 여기에서 앞으로 쭉 가세요.
   여기에서 아프로–

➕ **다음 문장을 듣고 대답해 보세요.** Listen the following and answer.

1. 네, _____

2. (백화점 / 안)   ⇨ _____

3. (여기 / 오른쪽) ⇨ _____

연습 Exercise

가 다음 단어를 이용해서 문장을 만들어 보세요.
Make a sentence using following words.

1. 근처, 서점, 이, 에, 있어요   ⇨ _____ ?

2. 영화관, 사이에, 과, 은행, 있어요   ⇨ _____ .

                            _____ .

3. 에서, 앞으로, 여기, 가세요, 쭉   ⇨ _____ .

나 병원에는 어떻게 가요? 친구에게 설명해 보세요.
How do you go hospital? Explain the way to your friend.

여기에서

SELF ASSESSMENT

☺ EVALUATE YOUR ABILITY!

- I know [   ] vocabularies learned today. | more than 10 | 9~6 | less than 5 |

- I can use [   ] among three expressions learned today. | 3 | 2 | 1 |

- I can express "The bookstore is next to department store." in Korean.

한국에서는 거의 모든 음식을 주문해 먹을 수 있어요!

In Korea, you can almost order everything to eat!

Which foods are available for delivery in your country? Don't be surprised. In Korea, almost all foods are possible for delivery. Recently, the food delivery applications have been generalized, so that you can simply order food. Unlike the past, where jajangmyeon, pizza or chicken were the most available foods for delivery; nowadays from tteokbokki to bulgogi, sashimi, coffee delivery, you can enjoy variety of options for food delivery. This kind of food delivery is not only available from home or office, but also available for ordering from parks, seashore, etc. kind of outdoors places. It would be such a special experience to enjoy delivery food while watching Han River at night! Oh right, delivery will arrive much earlier than you are expecting. However, if there are many orders or the weather is not good, it might arrive a bit late, so be patient.

Unit **4**

아메리카노 한 잔 주세요.

Please give me a cup of Americano.

학습 목표
the aims of the lesson

주문하기 Ordering

- N1하고 N2 N1 and N2
- N + 주세요 I'd like N, please
- 숫자와 단위 명사 number and unit noun

생각해 보세요
Think about it

- How to say 'a cup of coffee'?
- How to ask the price?

🎧 Track 04-1

가 : **무슨** 커피가 있어요?

나 : 아메리카노**하고** 카푸치노가 있어요.

문법
Grammar

무슨 + N

It is used before item or event nouns when asked about them for more details.

EX 무슨 일이에요?

무슨 노래를 들어요?

N1하고 N2

It connects prior and latter nouns to same qualifications. It is used more often for speech.

• 예문 Example

가 : 이 주변에 뭐가 있어요?

나 : 공원하고 동물원이 있어요.

🎧 Track 04-2

어휘
Vocabulary

□ 아메리카노 Americano   □ 고양이 cat
□ 카푸치노 Cappuccino   □ 버스 bus
□ 노래 song   □ 기차 train
□ 공원 park   □ 사과 apple
□ 동물원 [동무뤈] zoo   □ 수박 watermelon
□ 개 dog

≫ 연습 Practice

개하고 고양이가 있어요.

❶ 동민   사라가   ▶ _____   동민, 사라: a name of person

❷ 책   연필이   ▶ _____

❸ 버스   기차가   ▶ _____

❹ 사과   수박이   ▶ _____

Track 04-3

가 : 아메리카노 **한 잔** 주세요.

나 : 네, 여기 있어요.

문법
Grammar

Native language Numbers

'하나, 둘, 셋, 넷' are used without unit noun and '한, 두, 세, 네' are used with unit noun.

1 : 하나 ('한')   2 : 둘 ('두')   3 : 셋 ('세')   4 : 넷 ('네')   5 : 다섯

6 : 여섯   7 : 일곱   8 : 여덟   9 : 아홉   10 : 열

Native language numbers are used before unit nouns.

Unit Noun

It is used after human, animal or items for counting them.

EX 한국 사람 두 명 / 밥 세 그릇 / 버스 다섯 대

N + 주세요

It is used after nouns when asking someone to give that item. Usually it is used in informal situations.

- **예문** Example
  가 : 공책 세 권 주세요.
  나 : 네, 여기 있어요.

 Track 04-4

어휘
Vocabulary

- □ 잔 cup
- □ 명 people
- □ 밥 rice
- □ 그릇 dish
- □ 대 unit to count vehicles
- □ 공책 notebook
- □ 권 volume

- □ 주스 juice
- □ 개 piece
- □ 생선 fish
- □ 마리 unit to count animals
- □ 종이 paper
- □ 장 sheet

» **연습** Practice

한국어 책   한 권 주세요.

❶ 주스   두 잔   ▶ _____

❷ 사과   세 개   ▶ _____

❸ 생선   네 마리   ▶ _____

❹ 종이   열 장   ▶ _____

Track 04-5

가: **얼마예요?**

나: **3,000원이에요.**
삼처눠니에요

문법
Grammar

얼마

It implies for unknown price. Generally it is used in the form '얼마예요?', when asking for the price.

Sino-Korean Numbers

Sino-Korean numbers are used when referring to the price.

1	일	2	이	3	삼	4	사	5	오
6	육	7	칠	8	팔	9	구	10	십
20	이십	30	삼십	45	사십오	87	팔십칠	99	구십구
100	백	1,000	천	10,000	만	100,000	십만	1,000,000	백만

> **TIP**
> When writing Sino-Korean numbers, space out units of 10000.
> EX 2,345,678 = 이백삼십사만 오천육백칠십팔
>
> '일' could be omitted when '일' locates the head.
> EX 100 : (일)백 / 200 : 이백

원

Korean currency

- **예문** Example
  가: 이 옷은 얼마예요?
  나: 100,000원이에요.

 연습 Practice

5,000원이에요 : 오천 원이에요.

❶ 1,000 : 천 ▸ _____

❷ 20,000 : 이만 ▸ _____

❸ 47,000 : 사만 칠천 ▸ _____

❹ 168,500 : 십육만 팔천오백 ▸ _____

점원 : 어서 오세요.

미나 : 안녕하세요? 여기 케이크가 있어요?

점원 : 네, 있어요.

미나 : 무슨 케이크가 있어요?

점원 : 초콜릿 케이크하고 녹차 케이크가 있어요.

미나 : 초콜릿 케이크는 얼마예요?

점원 : 27,000원이에요.

미나 : 초콜릿 케이크 한 개 주세요.

어휘 및 표현

Vocabulary and Expression

☐ 점원 clerk
☐ 어서 오세요 welcome
☐ 초콜릿 chocolate

☐ 케이크 cake ('조각' is used as unit noun when referring to one part of whole cake or etc.)
☐ 녹차 green tea

📁 단위 명사 Unit noun

음식 Food

- 개 unit to count all nouns for object
- 잔 cup
- 병 bottle
- 그릇 dish
- 접시 dish
- 공기 bowl
- 사발 bowl
- 컵 cup
- 알 unit to count egg

옷 Clothes

- 벌 unit to count clothes
- 장 unit to count shirts
- 켤레 unit to count shoes or socks

사람, 동물, 식물 People, Animal, Plant

- 명 unit to count people
- 사람 unit to count people
- 분 unit to count people(a polite form)
- 마리 unit to count animals
- 필 unit to count horse or cattle
- 그루 unit to count trees
- 송이 unit to count flowers

기타 Etc

- 대 unit to count vehicles
- 권 unit to count book or notepad
- 장 unit to count paper or photographs
- 채 unit to count building
- 통 container
- 다스 dozen

📁 한국의 화폐 Korean Currency

십 원

오십 원

백 원

오백 원

천 원

오천 원

만 원

오만 원

78

연습 Exercise

어휘 Vocabulary

가 다음 표를 완성하세요. Complete the table.

고유어 숫자	사람	마리	개	잔	장
보기 하나	한 사람	한 마리	한 개	한 잔	한 장
둘					
셋					
넷					
다섯					
여섯					
일곱					
여덟					
아홉					
열					

나 빈칸에 들어갈 어휘를 〈보기〉에서 골라 쓰세요.
Choose the correct word from the example and fill in the blanks.

> **보기**   얼마   개   하고   무슨   원

1. 이 옷은 (　　　　　)예요?

2. 65,000(　　　　　)이에요.

3. (　　　　　) 주스가 있어요?

4. 언니(　　　　　) 남동생이 있어요.

5. 녹차 케이크 한 (　　　　　) 주세요.

연습 Exercise

가 대화를 잘 듣고 빈칸을 채워 보세요. Listen the following and fill the blanks. 🎧 Track 04-7

미나 : 무슨 케이크가 있어요?

점원 : 초콜릿 케이크_____ 녹차 케이크가 있어요.

미나 : 초콜릿 케이크는 얼마예요?

점원 : _____ 이에요.

나 다음을 듣고 관련 있는 그림을 골라 보세요. 🎧 Track 04-8
Listen carefully and choose the relevant pictures.

1.
① 　　② 　　③

2.
① 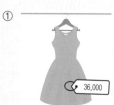　　② 　　③

🎧 Track 04-9

➕ **다음 문장을 읽어 보세요.** Read the following.

1. 책하고 연필이 있어요. ˙
채카고 연피리 이써요

2. 카푸치노 한 잔 주세요.

3. 얼마예요?

4. 만 오천 원이에요.

말하기 Speaking 🎧 Track 04-10

➕ **다음 문장을 듣고 대답해 보세요.** Listen the following and answer.

1. (사과, 딸기) ⇨ _____

2. (천 원) ⇨ _____

3. 네, _____

연습 Exercise

쓰기 Writing

가 다음 단어를 이용해서 문장을 만들어 보세요.
Make a sentence using following words.

1. 커피, 무슨, 가, 있어요 ⇨ _____?

2. 하고, 오빠, 여동생, 이, 있어요 ⇨ _____.

3. 케이크, 이, 는, 얼마예요 ⇨ _____?

나 그림을 보고 과일 가게에 무슨 과일이 있는지, 과일은 얼마인지 써 보세요.
Look at the picture and write what fruits are and how much fruits are in the store.

과일 가게에는	하고
	은/는
	은/는

SELF ASSESSMENT

😊 EVALUATE YOUR ABILITY!

● I know [   ] vocabularies learned today.　　　　　 | more than 10 | 9~6 | less than 5 |

● I can use [   ] among three expressions learned today.　 | 3 | 2 | 1 |

● I can express "A cup of coffee and a piece of cake, please." in Korean.

_____

한국 문화 Korean Culture

한류 스타 거리
K-Star Road

Why are you studying Korean? Are you perhaps studying Korean because you like EXO, BTS, Twice or Black Pink? It is said that recently, many people from different countries started studying Korean because they like Korean singers. In Korea, there is a special place where you can meet your favorite stars. This place is '*Hallyu Star Street*'. If you go to *Hallyu Star Street*, many *GangnamDol* s will welcome you. The word '*GangnamDol*' includes the meaning of '*GangnamDol*', 'idol' in Korea or 'doll', that is to say, which means a sculpture that adds a symbol image of K-pop groups to the teddy bear. From Super Junior to EXO, Girls' Generation and BTS, you can meet *GangnamDol* s, many idol groups representing K-pop. Wouldn't it be fun to find *GangnamDol* of your favorite idol? More interestingly, there are many entertainment agencies including SM Entertainment, JYP Entertainment, and FNC Entertainment and so on. So, if you're going to *Hallyu Star Street*, try to go to the agency of your favorite idol! If you're lucky, you can meet your star.

Unit 1 인사 및 소개하기 Greeting and Introducing

● 인사 Greeting

When you meet	When you say goodbye	When you feel sorry	When you feel thankful
안녕하세요?	안녕히 계세요	죄송합니다 미안합니다	고맙습니다 감사합니다
안녕하세요?	안녕히 가세요	괜찮습니다	천만에요

EX 제니 씨, 안녕하세요?
안녕히 가세요.

● N이에요/예요 be N

Noun			
ending in a consonant		ending in a vowel	
N	N이에요	N	N예요
수진	수진이에요	미에코	미에코예요
학생	학생이에요	의사	의사예요

EX 저는 수진이에요.
강준 씨는 의사예요.

● N이/가 아니에요 be not N

Noun			
ending in a consonant		ending in a vowel	
N	N이 아니에요	N	N가 아니에요
완	완이 아니에요	수지	수지가 아니에요
선생님	선생님이 아니에요	가수	가수가 아니에요

EX 저는 완이 아니에요
제니는 가수가 아니에요

😊 Expression

◆ 가: 안녕하세요? 저는 강준이에요.
　나: 안녕하세요? 저는 미나예요.
◆ 가: 미나 씨는 어느 나라 사람이에요?
　나: 저는 중국 사람이에요.
◆ 가: 미나 씨는 선생님이에요?
　나: 아니요, 저는 선생님이 아니에요. 학생이에요.

Unit 2 사물에 대해 묻기 Asking about object

● 이/그/저 this/it/that

Division	이	그	저
people	이 사람	그 사람	저 사람
object	이것	그것	저것
place	이곳	그곳	저곳

EX 이것은 한국어 책이에요.
　　저 사람은 가수예요.

● N의 of N

Noun	
N	N의
나	나의 (= 내)
어머니	어머니의

EX 이 사람은 내 친구예요.
　　저것은 어머니의 책이에요.

● N이/가 있어요/ 없어요 have/do not have N

Noun			
ending in a consonant		ending in a vowel	
N	N이 있어요/없어요	N	N가 있어요/없어요
연필	연필이 있어요	휴대 전화	휴대 전화가 있어요
남동생	남동생이 없어요	언니	언니가 없어요

EX 저는 연필이 있어요.
　　미나 씨는 언니가 없어요.

😊 Expression

◆ 가: 이게 뭐예요?
　　나: 한국어 책이에요.
◆ 가: 누구의 책이에요?
　　나: 사라 씨의 책이에요.
◆ 가: 강준 씨는 영어 사전이 있어요?
　　나: 아니요, 저는 영어 사전이 없어요.

Unit **3** 길 찾기 Finding the way

● **N에 (장소)** in N (place)

Place/Location Noun	
N	in N
집 책상 위	집에 책상 위에

> EX 동생이 집에 있어요.
> 휴대 전화가 책상 위에 있어요.

● **위치/방향** location/direction

앞	뒤
오른쪽	왼쪽
안	밖
위	아래
옆	건너편
사이	

> EX 병원이 지하철역 옆에 있어요.
> 서점이 우체국과 학교 사이에 있어요.

● **N(으)로 가세요** go to N

Noun			
ending in a consonant		ending in a vowel, ㄹ	
N	N으로 가세요	N	N로 가세요
오른쪽 건너편	오른쪽으로 가세요 건너편으로 가세요	뒤 아래	뒤로 가세요 아래로 가세요

> EX 백화점 건너편으로 가세요.
> 편의점 뒤로 가세요.

☺ **Expression**

◆ 가: 이 근처에 서점이 있어요?
　나: 네, 있어요.
◆ 가: 서점이 어디에 있어요?
　나: 병원 옆에 있어요.
◆ 가: 슈퍼마켓에 어떻게 가요?
　나: 여기에서 오른쪽으로 가세요.

Unit 4 주문하기 Ordering

● **N1하고 N2** N1 and N2

Noun	
N1 / N2	**N1하고 N2**
한국어 책 / 중국어 책 물 / 주스	한국어 책하고 중국어 책 물하고 주스

EX 저는 한국어 책하고 중국어 책이 있어요.
　　물하고 주스가 있어요.

● **N + 주세요** I'd like N, please

Noun	
N	**N + 주세요**
사과 종이	사과 주세요 종이 주세요

EX 사과 세 개 주세요.
　　종이 열 장 주세요.

● **단위 명사** unit noun

명	사람
개	마리
잔	그릇
대	권
장	병

EX 집에 고양이가 다섯 마리 있어요.
　　가방 두 개 주세요.

☺ Expression

◆ 가: 무슨 커피가 있어요?
　　나: 아메리카노하고 카푸치노가 있어요.
◆ 가: 아메리카노 한 잔 주세요.
　　나: 네, 여기 있어요.
◆ 가: 얼마예요?
　　나: 삼천 원이에요.

수요일에 뭐 해요?

What are you doing on Wednesday?

일과 말하기 1
Speaking about daily routine 1

- N에(시간) at/on/in N(time)
- A/V-아/어/해요 to A/V
- N에서(장소) in N (place)

생각해 보세요
Think about it

- What day is today?
- Where are you seeing movie?

팔공산 갓바위
Palgongsan Gatbawi

🎧 Track 05-1

가 : **오늘이** 무슨 요일이에요?
　　오느리 무슨 요이리에요

나 : **오늘은** 월요일이에요.
　　오느른 워료이리에요

문법
Grammar

오늘이, 오늘은

When asking for the first time '이/가' is used. While responding after that '은/는' is used.

EX 무슨 일이에요?

　　　무슨 노래를 들어요?

- 예문 Example

가 : 내일이 무슨 요일이에요?

나 : 내일은 금요일이에요.

🎧 Track 05-2

어휘
Vocabulary

☐ 오늘 today
☐ 내일 tomorrow
☐ 월요일 [워료일] Monday
☐ 화요일 [화요일] Tuesday
☐ 수요일 [수요일] Wednesday

☐ 목요일 [모교일] Thursday
☐ 금요일 [그묘일] Friday
☐ 토요일 [토요일] Saturday
☐ 일요일 [이료일] Sunday

》 연습 Practice

오늘은 월요일이에요.

❶ 화요일　　　　　　　　　　　▶ ＿＿＿＿＿＿＿＿＿＿＿＿＿＿＿

❷ 목요일　　　　　　　　　　　▶ ＿＿＿＿＿＿＿＿＿＿＿＿＿＿＿

❸ 금요일　　　　　　　　　　　▶ ＿＿＿＿＿＿＿＿＿＿＿＿＿＿＿

❹ 일요일　　　　　　　　　　　▶ ＿＿＿＿＿＿＿＿＿＿＿＿＿＿＿

가 : **수요일에 뭐 해요?**

나 : **수요일에 일해요.**

문법
Grammar

N에(time)

It is used after nouns expressing time or moment. Not to be used after 'yesterday', 'today', 'tomorrow', etc.

EX 수요일에 일해요. (○)
오늘 일해요. (○)
오늘에 일해요. (×)

A/V-아요/어요/해요

It is attached after adjectives or verbs and used for present tense. If used with time adverbs, it could be used for telling about future events. Mostly in colloquial expression, it highers informally. If the vowel of word stem is 'ㅏ' or 'ㅗ', it used as '-아요', for other vowels used as '-어요' and '-하다' is used as '해요'.

> TIP Some verbs have objects. If the last syllable of the object has a consonant as last letter, '을' is used, else '를' is used.
> EX 밥을 먹어요. / 친구를 만나요.

• **예문** Example
가 : 일요일에 뭐 해요?
나 : 일요일에 친구를 만나요.

어휘
Vocabulary

☐ 일하다 to work
☐ (친구를) 만나다 to meet (a friend)
☐ 운동하다 to exercise
☐ 쇼핑하다 to shop
☐ 데이트하다 to have a date with
☐ (영화를) 보다 to watch (movie)

 연습 Practice

월요일에 일해요.

❶ 화요일   운동해요   ▶ _____
❷ 목요일   쇼핑해요   ▶ _____
❸ 토요일   데이트해요   ▶ _____
❹ 일요일   (영화를) 봐요   ▶ _____
❺ *오늘   (친구를) 만나요 ▶ _____

🎧 Track 05-5

가: 어디에서 일해요?

나: 회사에서 일해요.

문법
Grammar

N에서 (장소)

It expresses the place where an event is happened. It is used by attaching after location nouns.

• 예문 Example

가 : 어디에서 공부해요?

나 : 학원에서 공부해요.

🎧 Track 05-6

어휘
Vocabulary

☐ 회사 company
☐ 체육관 [체육꽌] gym
☐ 약국 [약꾹] pharmacy
☐ 약 drug
☐ 사다 to buy

☐ 학교 [학꾜] school
☐ 학원 [하권] academy
☐ (요리를) 배우다 to learn
☐ 듣다 to listen

TIP

If some adjectives ending with 'ㄷ' meet a vowel, 'ㄷ' changes to 'ㄹ'.

EX 듣다 → 들어요
걷다 → 걸어요

≫ **연습** Practice

회사에서 일해요.

❶ 체육관 운동해요 ▶ _____

❷ 약국 (약을) 사요 ▶ _____

❸ 학교 (한국어를) 공부해요 ▶ _____

❹ 학원 (요리를) 배워요 ▶ _____

❺ 커피숍 (음악을) 들어요 ▶ _____

미나: 강준 씨, 내일 뭐 해요?

강준: 내일 약속이 있어요. 친구를 만나요.

미나: 어디에서 만나요?

강준: 회사 근처 커피숍에서 만나요.

미나: 그렇군요. 토요일에는 뭐 해요?

강준: 집에서 청소해요. 미나 씨는 토요일에 뭐 해요?

미나: 저는 요리 학원에 가요.

☐ 약속이 있어요 have an appointment
☐ 그렇군요 I see

☐ N에 가요 to go to N
EX 회사에 가요 to go to company
집에 가요 to go home

🗂 동사 Verb

(학교에) 가요
to go (to school)

(집에) 와요
to come (home)

(바나나를) 먹어요
to eat (banana)

(주스를) 마셔요
to drink (juice)

(신문을) 읽어요
to read (newspaper)

걸어요
to walk

(의자에) 앉아요
to sit on (chair)

자요
to sleep

(꽃을) 사요
to buy (flower)

(옷을) 입어요
to put on (clothes)

TIP

In case some Korean vowels, when two vowels meet, it occurs vowel reduction or elimination. The following are the frequently used words.

ㅗ + ㅏ → ㅘ	오 + 아요 → 와요, 보 + 아요 → 봐요
ㅜ + ㅓ → ㅝ	배우 + 어요 → 배워요
ㅣ + ㅓ → ㅕ	마시 + 어요 → 마셔요
ㅏ + ㅏ → ㅏ	가 + 아요 → 가요, 사 + 아요 → 사요

연습 Exercise

어휘 Vocabulary

가 다음 표를 완성하세요. Complete the table.

기본형 basic form	-아/어요
보기 가다	가요
오다	
먹다	
읽다	
공부하다	
일하다	
쇼핑하다	

나 빈칸에 들어갈 어휘를 〈보기〉에서 골라 쓰세요.
Choose the correct word from the example and fill in the blanks.

| 보기 | 오늘 | 학원 | 목요일 | 만나요 | 어디 |

1. (   )에서 꽃을 사요?

2. (   )에서 요리를 배워요.

3. 커피숍에서 친구를 (   ).

4. (   )에 한국어를 공부해요.

5. (   )이 무슨 요일이에요?

연습 Exercise

듣기 Listening

가 대화를 잘 듣고 빈칸을 채워 보세요. Listen the following and fill the blanks. 🎧 Track 05-8

> 미나 : 강준 씨, 내일 뭐 해요?
>
> 강준 : 내일 _____이 있어요. 친구를 만나요.
>
> 미나 : 어디에서 만나요?
>
> 강준 : 회사 근처 _____에서 만나요.

나 다음을 듣고 질문에 알맞은 답을 골라 보세요. 🎧 Track 05-9
Listen carefully and choose the correct answer.

1.
① 월요일　　　　　② 일요일　　　　　③ 목요일

2.
① 　　② 　　③

🎧 Track 05-10

➕ **다음 문장을 읽어 보세요.** Read the following.

1. 어디에서 만나요?

2. 오늘은 화요일이에요.
　　오느른 화요이리에요

3. 금요일에 회사에서 일해요.
　　그묘이레

4. 토요일에 체육관에서 운동해요.
　　토요이레 체육꽈네서

말하기 Speaking

🎧 Track 05-11

➕ **다음 문장을 듣고 대답해 보세요.** Listen the following and answer.

1. (토요일) ⇨ _____

2. (일하다) ⇨ _____

3. (미술관) ⇨ _____

연습 Exercise

쓰기 Writing

가 다음 단어를 이용해서 문장을 만들어 보세요.
Make a sentence using following words.

1. 뭐, 에, 금요일, 해요   ⇨ _____ ?

2. 오늘, 이에요, 요일, 무슨, 이   ⇨ _____ ?

3. 에서, 해요, 운동을, 체육관   ⇨ _____ .

나 여러분은 요일마다 무엇을 해요? 어디에서 해요? 3가지 이상 써 보세요.
What do you do every day? Where? Try three things or more.

> 저는 월요일에

SELF ASSESSMENT

😊 EVALUATE YOUR ABILITY!

- I know _____ vocabularies learned today. | more than 10 | 9~6 | less than 5 |

- I can use _____ among three expressions learned today. | 3 | 2 | 1 |

- I can express "I work in company on Thursday." in Korean

한국 문화 Korean Culture

'치맥'을 아시나요?

Do you know '치맥'?

The word '치맥' is assembled by combining the first syllables of 치킨(chicken) and 맥주(beer). Korean people particularly like to enjoy chicken and beer together, it constitutes a really important place in the culture that recently there are many '치맥' streets opening up all over the country, and many '치맥 music recitals' or '치맥 festivals' are being organized. In Korea there are many alternative tastes of chicken so that everyone can enjoy according to their choice, starting from the obvious light and savory fried chicken, to sweet and spicy sauced chicken, chicken topped with scallions, salty soy sauce chicken, spicy fiery chicken, etc. Can you imagine the tasting of the '치맥' with delicious chicken and a cup of refreshing draft beer?

Unit 6

어제 저녁에 뭐 했어요?
What did you do yesterday night?

과거 일 말하기
Speaking about fact of past

● 날짜 date
● 시간 time
● A/V-았/었/했어요 to A/V + -ed

생각해 보세요
Think about it

● What time is it now?
● What is the date today?

경복궁
Gyeongbokgung

🎧 Track 06-1

> 가 : 지금이 **몇 시**예요?
>
> 나 : 지금은 **1시 20분**이에요.

문법
Grammar

몇 시

It is used when asking about the time. It is used in the form: '몇 시예요?' When responding to '시'(hour), native language numbers are used. '하나, 둘, 셋, 넷' before '시' should be changed to '한, 두, 세, 네'. When responding to '분'(minutes), Sino-Korean Numbers are used.

지금이, 지금은

When asking for the first time '이/가' is used. Responding after that, '은/는' is used.

> **TIP** 반: When saying 30th minute of each hour, like half past, '반' could be used.

• **예문** Example

가 : 지금이 몇 시예요?

나 : 지금은 오전 10시 반이에요. (지금은 오전 10시 30분이에요.)

🎧 Track 06-2

어휘
Vocabulary

☐ 시 hour   ☐ 오전 morning

☐ 분 minute   ☐ 오후 afternoon

☐ 지금 now   ☐ 반 half

》 연습 Practice

3시	: 세 시예요.

❶ 5시	: 다섯 시	▶ _____
❷ 7시	: 일곱 시	▶ _____
❸ 12시	: 열두 시	▶ _____

2시 10분	: 두 시 십 분이에요.

❶ 4시 30분	: 네 시 삼십 분	▶ _____
❷ 8시 45분	: 여덟 시 사십오 분	▶ _____
❸ 11시 56분	: 열한 시 오십육 분	▶ _____

🎧 Track 06-3

가 : **오늘이 며칠이에요?**
오느리 며치리에요
나 : **오늘은 10월 9일이에요.**
오느른 시월 구이리에요

문법
Grammar

며칠

It is used when asking the date in the form '며칠이에요?'.
When responding to '월'(month) Sino-Korean Numbers are used. '6월' and '10월' are written as respectively '유월'과 '시월' and pronounced as [유월], [시월]
유월, 시월

> **TIP**
> When respond to '일', Sino-Korean Numbers are used as well.
> 20일이에요 [이시비리에요]
> 21일이에요 [이시비리리에요]
> 22일이에요 [이시비이리에요]

• **예문** Example
가 : 오늘이 며칠이에요?
나 : 오늘은 6월 22일이에요.
유월이시비이리에요

🎧 Track 06-4

어휘
Vocabulary

☐ 1월 : 일월 [이뤌] January
☐ 2월 : 이월 [이월] February
☐ 3월 : 삼월 [사뭘] March
☐ 4월 : 사월 [사월] April
☐ 5월 : 오월 [오월] May
☐ 6월 : 유월 [유월] June

☐ 7월 : 칠월 [치뤌] July
☐ 8월 : 팔월 [파뤌] August
☐ 9월 : 구월 [구월] September
☐ 10월: 시월 [시월] October
☐ 11월: 십일월 [시비뤌] November
☐ 12월: 십이월 [시비월] December

 연습 Practice

1월 3일 : **일월 삼일이에요.**

❶ 3월 8일 : 삼월 팔일 ▶ _____

❷ 5월 12일 : 오월 십이일 ▶ _____

❸ 6월 19일 : 유월 십구일 ▶ _____

❹ 8월 20일 : 팔월 이십일 ▶ _____

❺ 10월 24일 : 시월 이십사일 ▶ _____

❻ 12월 30일 : 십이월 삼십일 ▶ _____

대화 3 Dialogue 3

가 : 어제 뭐 **했어요**?

나 : 회사에서 **일했어요**.

문법 Grammar

A/V-았/었/했어요

Attached after adjectives or verbs and used as past tense. Mostly it highers the speech when talking. If the vowel of the stem is 'ㅏ' or 'ㅗ', used as '-았어요' and for the rest used as '-었어요', and '-하다' is used as '했어요'.
It occurs vowel reduction or elimination like '-아요/어요/해요'.

> **TIP**
> 아침에 / 점심에 / 저녁에
> 오전에 / 오후에
> If it is combined with detailed, time adverb can be used for asking specific time interval.

• 예문 Example
가 : 어제 저녁에 뭐 했어요?
나 : 백화점에서 쇼핑했어요.

어휘 Vocabulary

☐ 어제 yesterday
☐ 아침 morning
☐ 점심 lunch time
☐ 저녁 evening
☐ 산책하다 [산채카다] to stroll

☐ 수영장 swimming pool
☐ 수영하다 to swim
☐ 읽다 to read
☐ 먹다 to eat

>> **연습 Practice**

공원에서   산책했어요.

❶ 수영장   수영했어요   ▶ _____

❷ 서점   책을 읽었어요   ▶ _____

❸ 영화관   영화를 봤어요   ▶ _____

❹ 식당   한국 음식을 먹었어요   ▶ _____

미나: 강준 씨, 어제 뭐 했어요?

강준: 친구 생일 파티에 갔어요.

미나: 참! 오늘이 며칠이에요?

강준: 11월 14일이에요.

미나: 지금이 몇 시예요?

강준: 여덟 시 삼십 분이에요. 왜 그래요?

미나: 오늘이 제 동생 생일이에요.
여섯 시에 생일 파티가 있었어요. 그런데 제가 잊어버렸어요.

어휘 및 표현

Vocabulary and Expression

☐ 생일 파티 birthday party
☐ 참! by the way
☐ 왜 그래요? why?

☐ 그런데 but
☐ 잊어버렸어요 to forget

확장 학습 Extensive Learning

📁 달력 Calendar

작년 last year

올해 this year

내년 next year

2019 ◄◄ **2020**년 ►► 2021

이번 달
this month

지난달 last month

08 ◄ **09**월 ► 10

다음 달
next month

Sun	Mon	Tue	Wed	Thu	Fri	Sat
		1	2	3	4	5
6	7	8	9	10	11	12
13	14	15	16	17	18	19
20	21	22	23	24	25	26
27	28	29	30			

지난주
last week

이번 주
this week

다음 주
next week

그제
the day before
yesterday

어제
yesterday

오늘
today

내일
tomorrow

모레
the day after
tomorrow

연습 Exercise

어휘 Vocabulary

가 다음 표를 완성하세요. Complete the table.

기본형 basic form	–았/었어요
보기 가다	갔어요
오다	
먹다	
읽다	
공부하다	
일하다	
*듣다	

나 빈칸에 들어갈 어휘를 〈보기〉에서 골라 쓰세요.

Choose the correct word from the example and fill in the blanks.

| 보기 | 어제 | 며칠 | 반 | 그런데 | 몇 |

1. 지금이 (   ) 시예요?

2. 두 시 (   )이에요.

3. 오늘이 (   )이에요?

4. (   ) 뭐 했어요?

5. 약속이 있었어요. (   ) 제가 잊어버렸어요.

연습 Exercise

가 대화를 잘 듣고 빈칸을 채워 보세요. Listen the following and fill the blanks. 🎧 Track 06-8

미나 : 강준 씨, 어제 뭐 했어요?

강준 : 친구 생일 파티에 _____.

미나 : 참! 오늘이 며칠이에요?

강준 : _____이에요.

나 다음을 듣고 질문에 알맞은 답을 골라 보세요. 🎧 Track 06-9
Listen carefully and choose the correct answer.

1.

①    ②    ③

2.
① 6월 10일   ② 10월 6일   ③ 4월 6일

➕ **다음 문장을 읽어 보세요.** Read the following.

1. 지금이 몇 시예요?

2. 열두 시 사십오 분이에요.

3. 오늘이 며칠이에요?

4. 6월 30일이에요.

유월 삼시비리에요

5. 어제 뭐 했어요?

➕ **다음 문장을 듣고 대답해 보세요.** Listen the following and answer.

1. (9 : 20)   ⇨ _____

2. (3월 21일)   ⇨ _____

3. (회사에서 일하다) ⇨ _____

연습 Exercise

쓰기 Writing

가 다음 단어를 이용해서 문장을 만들어 보세요.
Make a sentence using following words.

1. 11월, 내일, 25일, 은, 이에요 ⇨ _____.

2. 7시, 이에요, 10분, 은, 지금 ⇨ _____.

3. 영화, 어제, 봤어요, 를, 에서, 영화관 ⇨ _____.

나 어제 무엇을 했어요? 어디에서 했어요? 어제 한 일을 써 보세요.
What did you do yesterday? Where? Write things you did yesterday.

저는 어제 _____

그리고 _____

그리고 _____

SELF ASSESSMENT

😊 EVALUATE YOUR ABILITY!

- I know _____ vocabularies learned today. | more than 10 | 9~6 | less than 5

- I can use _____ among three expressions learned today. | 3 | 2 | 1

- I can express "Yesterday I watched the movie in the theater." in Korean.

  _____

한국 문화 Korean Culture

서울 시티 투어 버스
Seoul City Tour Bus

Seoul is a really attractive city that coexists with traditional culture and modern culture at the same time. As expected from Korea's capital city, Seoul has many places to see and eat, also ease of transportation that lets anyone to move to a place they want in ease with developed public transportation facilities like subway, bus, etc. However, if you want to experience more stuff in shorter amount of time, Seoul City Tour Bus is recommended. Hop on hop off busses are already common in many countries and different cities, which you can also find in Seoul with different themes that you can pick the course to your preference. I would like to recommend the Traditional Culture Tour, which you can visit several ancient palaces and traditional markets. It would also be a good experience to wear Hanbok and take pictures in the Royal Palace or to go to traditional markets and eat distinct Korean food. The price is in 15,000 won range, so it is not so expensive, right?

〈Reference site〉

http://www.highlightbus.co.kr/main.html

http://www.seoulcitybus.com/main.do

Unit 7

떡볶이가 싸고 맛있어요.

Tteokbokki is cheap and delicious.

학습 목표
the aims of the lesson

묘사하기 Describing

- N이/가 어때요? how about N?
- '으' 탈락 '으' elimination
- A-고 A and

생각해 보세요
Think about it

- Do you know any Korean food?
- Which Korean food do you want to try?

명동
Myeong-dong

🎧 Track 07-1

가 : 신발이 정말 **멋있어요.**

나 : **고마워요.**

문법
Grammar

Adjective

It expresses temper or status of humans or objects.

EX	많다[만타]	적다[적따]
	싸다[싸다]	비싸다[비싸다]
	높다[놉따]	낮다[낟따]
	맛있다[마딛따/마싣따]	맛없다[마덥따]
	재미있다[재미읻따]	재미없다[재미업따]

• 예문 Example

가 : 음식이 정말 맛있어요.

나 : 고마워요.

🎧 Track 07-2

어휘
Vocabulary

☐ 멋있다[머딛따/머싣따] to be look neat   ☐ 나무 tree
☐ 김밥 [김밥/김빱] gimbap   ☐ 방 room
☐ 치마 skirt   ☐ 작다 to be small
☐ 건물 building   ☐ 소설 novel
☐ 높다 to be high

» 연습 Practice

김밥이   맛있어요.

❶ 치마   싸요   ▶ ....

❷ 건물   높아요   ▶ ....

❸ 나무   많아요   ▶ ....

❹ 방   작아요   ▶ ....

❺ 소설   재미없어요   ▶ ....

대화 2 Dialogue 2

가 : 커피 맛이 어때요?

나 : 조금 써요.

문법
Grammar

N이/가 어때요?

It is used when asking about idea, feeling, status, etc. Mostly in colloquial expression, it highers informally.

'으' elimination

If the verbs or adjectives which word stem's last vowel is '—' meet word ending with vowel, '—' gets dropped.

EX 나쁘다 [나쁘다] : 나쁘 + 아요 → 나빠요
   크다 [크다] : 크 + 어요 → 커요
   예쁘다 [예쁘다] : 예쁘 + 어요 → 예뻐요
   쓰다 [쓰다] : 쓰 + 어요 → 써요

• 예문 Example
  가 : 공원이 어때요?
  나 : 아주 커요.

어휘
Vocabulary

☐ 커피 coffee
☐ 맛 taste
☐ 조금 a little

☐ 성적 grade
☐ 음악 music
☐ 슬프다 to be sad

» 연습 Practice

신발이   예뻐요.

❶ 성적   나빠요   ▶ _____

❷ 도서관   커요   ▶ _____

❸ 음악   슬퍼요   ▶ _____

Unit 7 떡볶이가 싸고 맛있어요. **115**

🎧 Track 07-5

가 : 떡볶이가 싸고 맛있어요.

나 : 그래서 저도 떡볶이를 자주 먹어요.

문법
Grammar

A-고

It equally connects two or more adjectives together.

EX 크다 + 많다 → 크고 많다

- 예문 Example

가 : 이 인형 어때요?

나 : 작고 예뻐요.

🎧 Track 07-6

어휘
Vocabulary

□ 떡볶이 [떡뽀끼] tteokbokki

□ 자주 often

□ 길다 (→ 길고, 길어서, 기니까, 긴…)
 to be long

□ 짧다 to be short

» **연습** Practice

싸고   많아요.

❶ 길고   좋아요   ▶ _____

❷ 짧고   재미있어요   ▶ _____

❸ 적고   비싸요   ▶ _____

❹ 작고   예뻐요   ▶ _____

미나 : 강준 씨, 이 가방 어때요? 어제 새로 샀어요.

강준 : 와, 정말 예쁘네요.

미나 : 고마워요. 저도 아주 마음에 들어요.
그리고 이건 강준 씨 선물이에요.

강준 : 제 선물이 있어요? 와, 펜이네요.

미나 : 어때요? 마음에 들어요?

강준 : 물론이에요. 아주 작고 얇아요. 정말 고마워요.

미나 : 아니에요. 강준 씨가 기뻐하니 저도 기뻐요.

어휘 및 표현

Vocabulary
and
Expression

□ 새로 newly
□ 마음에 들어요 I like it
□ 이건 this
□ 물론이에요 of course

□ 얇아요 to be thin
□ 아니에요 Don't mention it
□ ~이/가 기뻐하니 저도 기뻐요
  I am glad that S + be happy

확장 학습 Extensive Learning

📁 음식 Food

음식 Food

 비빔밥 bibimbap

 순두부찌개 sundubu-jjigae

 김치찌개 kimchi-jjigae

 불고기 bulgogi

 삼겹살 samgyeopsal

 떡볶이 tteokbokki

 냉면 naengmyeon

 잡채 japchae

 짜장면 jajangmyeon

 제육볶음 jeyuk-bokkeum

맛 Taste

 맵다 to be spicy

 달다 to be sweet

 짜다 to be salty

 맛 Taste

 시다 to be sour

 쓰다 to be bitter

연습 Exercise

어휘 Vocabulary

가 다음 표를 완성하세요. Complete the table.

기본형 basic form	-아/어요
(보기) 좋다	좋아요
많다	
비싸다	
높다	
맛있다	
*예쁘다	
*슬프다	

나 빈칸에 들어갈 어휘를 〈보기〉에서 골라 쓰세요.
Choose the correct word from the example and fill in the blanks.

(보기) 커요	마음에 들어요	어때요	-고	물론이에요

1. 호텔이 싸(   ) 깨끗해요.

2. 음식이 정말 맛있어요. 이 식당이 (   ).

3. 이 옷이 (   )?

4. 신발이 너무 (   ).

5. 가 : 맛있어요?
   나 : (   ).

연습 Exercise

듣기 Listening

가 대화를 잘 듣고 빈칸을 채워 보세요. Listen the following and fill the blanks. 🎧 Track 07-8

미나 : 강준 씨, 이 가방 _____? 어제 새로 샀어요.

강준 : 와, 정말 예쁘네요.

미나 : 고마워요. 저도 아주 _____.

나 다음을 듣고 관련 있는 그림을 찾아보세요. 🎧 Track 07-9
Listen carefully and choose the relevant pictures.

1.
① 　　② 　　③

2.
① 　　② 　　③

120

읽기 Reading

🎧 Track 07-10

➕ **다음 문장을 읽어 보세요.** Read the following.

1. 인도 영화가 어때요?

2. 아주 재미있어요.

3. 정말 예뻐요.

4. 떡볶이가 싸고 맛있어요.

말하기 Speaking

🎧 Track 07-11

➕ **다음 문장을 듣고 대답해 보세요.** Listen the following and answer.

1. (맛있다)   ⇨ _____

2. (고맙다)   ⇨ _____

3. (짧다 / 재미있다) ⇨ _____

연습 Exercise

쓰기 Writing

가 다음 단어를 이용해서 문장을 만들어 보세요.
Make a sentence using following words.

1. 가, 케이크, 어때요 ⇨ _____?

2. 싸고, 가, 커피, 맛있어요 ⇨ _____.

3. 이, 재미있어요, 짧고, 책 ⇨ _____.

나 어떤 음식을 자주 먹어요? 그 음식은 맛이나 가격이 어때요? 두 가지만 소개해 보세요.
What foods do you eat often? How about taste or price of the food? Introduce two kinds.

저는	하고	을/를 자주 먹어요.
	은/는	
	은/는	

SELF ASSESSMENT

🎬 EVALUATE YOUR ABILITY!

- I know _____ vocabularies learned today. `more than 10` `9~6` `less than 5`

- I can use _____ among three expressions learned today. `3` `2` `1`

- I can express "A doll is small and cute." in Korean.

  _____

122

한국 바비큐 식당
KOREAN BBQ RESTAURANT

Korean Barbecue Restaurants, nowadays, are not hard to find whichever country you go to. However, there are a few surprising points when you go to Korean Barbecue Restaurants. First, meat is sliced with scissors. When the meat is cooked to a proper level, you may cut it with scissors and eat. Second is the meat and some other ingredients are wrapped with lettuce, sesame leaves, etc. to be eaten. In Korea, lovers confirm their feelings by feeding each other those meat wraps. Third, after enjoying the meat, you can eat fried rice as well. After eating the meat, you can enjoy the fried rice with variety of vegetables, seaweed and sesame oil to make yourself full. Are you now fully prepared to go to a Korean Barbecue Restaurant and naturally slice meat with scissors, make wraps and eat fried rice?

Unit 8

제주도가 서울보다 더 더워요.

Jeju-do is hotter than Seoul.

학습 목표
the aims of the
lesson

비교/대조하기 Contrasting/Comparing

- '비' 불규칙 'ㅂ' irregular
- A-지만 A but
- N보다 (더) than N

생각해 보세요
Think about it

- How is weather these days in your country?
- Which do you think is warmer: your country or Korea?

제주도
Jeju-do

Track 08-1

가 : 오늘 날씨가 너무 **더워요**.

나 : 우리 같이 아이스크림 먹어요.

 문법
Grammar

'ㅂ' irregular

Some adjectives ending with 'ㅂ' change into '우' when they meet vowels.

EX 춥다 + 어요 → 추우 + 어요 → 추워요   덥다 → 더워요
　　어렵다 → 어려워요　　　　　　　　쉽다 → 쉬워요
　　가볍다 → 가벼워요　　　　　　　　무겁다 → 무거워요
　　차갑다 → 차가워요　　　　　　　　뜨겁다 → 뜨거워요
　　귀엽다 → 귀여워요　　　　　　　　가깝다 → 가까워요

TIP There are some regular adjectives that end with 'ㅂ' don't change into '우'.
　　EX 좁다 → 좁아요

• 예문 Example
　가 : 중국이 멀어요?
　나 : 아니요, 가까워요.

 Track 08-2

어휘
Vocabulary

□ 같이 [가치] together
□ 아이스크림 icecream
□ 춥다 to be cold
□ 덥다 to be hot
□ 어렵다 to be difficult
□ 쉽다 to be easy
□ 가볍다 to be light
□ 무겁다 to be heavy
□ 차갑다 to be cold

□ 뜨겁다 to be hot
□ 귀엽다 to be cute
□ 가깝다 to be close
□ 좁다 to be narrow
□ 멀다 to be far
□ 시험 test
□ 아기 baby

≫ **연습** Practice

날씨가　더워요.

❶ 일본　　가까워요　　　　　　▶ _____
❷ 한국어　쉬워요　　　　　　　▶ _____
❸ 시험　　어려워요　　　　　　▶ _____
❹ 가방　　가벼워요　　　　　　▶ _____
❺ 아기　　귀여워요　　　　　　▶ _____

대화 2 Dialogue 2

🎧 Track 08-3

가 : 학교생활이 어때요?

나 : 힘들지만 재미있어요.

문법
Grammar

A-지만

It is used when telling about fact or situation opposed to previous fact or situation.

TIP It can be used in either case where subject is same or different.

EX 기차는 빠르지만 비싸요.

기차는 빠르지만 버스는 느려요.

• 예문 Example

가 : 비빔밥이 어때요?

나 : 좀 맵지만 맛있어요.

🎧 Track 08-4

어휘
Vocabulary

□ 생활 life
□ 힘들다 to be hard
□ 빠르다 to be fast
□ 느리다 to be slow
□ 좀 a little

□ 포도 grape
□ 시다 to be sour
□ 여름 summer
□ 겨울 winter

≫ **연습** Practice

한국어 공부는 힘들지만   재미있어요.

❶ 비행기는 빠르지만   비싸요   ▶ _____

❷ 포도는 시지만   맛있어요   ▶ _____

드라마는 재미있지만   뉴스는 재미없어요.

❶ 여름은 덥지만   겨울은 추워요   ▶ _____

❷ 영화관은 가깝지만   도서관은 멀어요   ▶ _____

가 : 서울이 제주도**보다** 더워요?

나 : 아니요, 제주도가 서울**보다** 더 더워요.

문법
Grammar

N보다 (더)

It is used with noun for comparing the differences.

더

It means that it has higher degree than compared opponent. It is commonly used in the form '보다 더'.

> **TIP** Even if the word order is changed, the meaning remains same.
> **EX** 서울이 제주도보다 더 더워요.
> 제주도보다 서울이 더 더워요.

- **예문** Example
  가 : 일본이 미국보다 멀어요?
  나 : 아니요, 미국이 일본보다 더 멀어요.

🎧 Track 08-6

어휘
Vocabulary

☐ 서울 Seoul
☐ 제주도 Jeju-do
☐ 딸기 strawberry

☐ 바나나 banana
☐ 지하철 subway

》 연습 Practice

딸기가 　바나나보다 더 　맛있어요.

❶ 지하철 　버스 　빨라요 　▶ _____

❷ 신발 　옷 　비싸요 　▶ _____

❸ 겨울 　여름 　추워요 　▶ _____

❹ 저 가방 　이 가방 　무거워요 　▶ _____

강준: 요즘 잘 지내요?

미나: 네, 잘 지내요. 한국 생활이 바쁘지만 재미있어요.

강준: 그런데 날씨가 너무 덥죠?

미나: 네, 너무 더워요. 강준 씨, 제주도 여행은 어땠어요?

강준: 조금 피곤했지만 아주 즐거웠어요.

미나: 제주도는 어때요? 제주도는 시원해요?

강준: 아니요. 제주도가 서울보다 더 더워요.

어휘 및 표현

Vocabulary and Expression

☐ 잘 지내요 I'm doing just fine
☐ 바쁘다 to be busy
☐ 여행 travel
☐ 피곤하다 to be tired

☐ 즐겁다 to be glad
☐ 시원하다 to be cool
☐ 너무 too

계절과 날씨 Season and Weather

봄 Spring
- 보통 3~5월
  usually March ~ May
- 따뜻해요 to be warm
- 새싹이 돋고 꽃이 펴요
  to sprout and bloom

여름 Summer
- 보통 6~8월
  usually June ~ August
- 더워요 to be hot
- 비가 많이 와요
  to rain a lot

한국의 계절
Seasons in Korea

가을 Autumn
- 보통 9~11월
  usually September
  ~ November
- 시원해요 to be cool
- 단풍이 들어요
  to turn red

겨울 Winter
- 보통 12~2월
  usually December ~
  February
- 추워요 to be cold
- 눈이 내려요 to snow

연습 Exercise

어휘 Vocabulary

가 다음 표를 완성하세요. Complete the table.

기본형 basic form	–아/어요
보기 춥다	추워요
덥다	
어렵다	
쉽다	
가볍다	
무겁다	
귀엽다	

나 빈칸에 들어갈 어휘를 〈보기〉에서 골라 쓰세요.
Choose the correct word from the example and fill in the blanks.

보기   시원해요   –보다   매워요   –지만   좁아요

1. 김치가 너무 (   ).

2. 시계가 가방(   ) 더 비싸요.

3. 오늘 날씨가 (   ).

4. 영화가 조금 길(   ) 아주 재미있어요.

5. 방이 조금 (   ):

연습 Exercise

듣기 Listening

가 대화를 잘 듣고 빈칸을 채워 보세요. Listen the following and fill the blanks.　🎧 Track 08-8

미나 : 강준 씨, 제주도 여행은 어땠어요?

강준 : 조금 _____ 아주 즐거웠어요.

미나 : 제주도는 어때요? 제주도는 시원해요?

강준 : 아니요. 제주도가 서울보다 _____.

나 다음을 듣고 관련 있는 그림을 찾아보세요. 🎧 Track 08-9

Listen carefully and choose the relevant pictures.

1.

① 　② 　③

2.

① 　② 　③

🎧 Track 08-10

➕ **다음 문장을 읽어 보세요.** Read the following.

1. 한국어 공부는 힘들지만 재미있어요.

2. 저는 한국 영화를 좋아하지만 언니는 인도 영화를 좋아해요.

3. 일본이 태국보다 더 더워요?

4. 아니요. 태국이 일본보다 더 더워요.

말하기 Speaking   🎧 Track 08-11

➕ **다음 문장을 듣고 대답해 보세요.** Listen the following and answer.

1. (귀엽다)   ⇨ _____

2. (길다 / 재미있다) ⇨ _____

3. 아니요, _____

연습 Exercise

쓰기 | Writing

가 다음 단어를 이용해서 문장을 만들어 보세요.
Make a sentence using following words.

1. 재미있어요, 힘들지만, 학교생활은   ⇨ _____ .

2. 커피는, 차가워요, 아이스크림은, 뜨겁지만   ⇨ _____ .

3. 여름, 겨울이, 추워요, -보다, 더   ⇨ _____ .

나 그림을 보고 두 사람을 비교해 보세요.
Look at the picture and compare two women.

흐엉   사라

흐엉은 _____ 지만 사라는

흐엉이 사라보다 더

SELF ASSESSMENT

EVALUATE YOUR ABILITY!

- I know [   ] vocabularies learned today.   more than 10 | 9~6 | less than 5

- I can use [   ] among three expressions learned today.   3 | 2 | 1

- I can express "Seoul is bigger than Busan." in Korean.

'이모님'이라고 불러 보세요

Call as '이모님'

If you go to a Korean restaurants, you can easily hear Korean customers calling the working lady '이모님'. '이모' is the word used for calling your mother's sister, but Koreans use it commonly to call the ladies working at restaurants or markets to express the closeness. Also, ladies working there like it since they feel like they are treating their nephew/niece. Perhaps, as a foreigner, if you call them '이모님', in a restaurant they may give more sidedishes and in a market you may receive some extra products. So, practice '이모님'. Oh, but do not call younger women '이모님'. You may end up receiving vague awkward feeling.

Unit 5 일과 말하기 1 Speaking about daily routine 1

● **N에 (시간)** at/on/in N (time)

Time Noun	
N	N에
월요일 금요일 오전	월요일에 금요일 오전에

EX 월요일에 친구를 만나요.
　　금요일 오전에 영화를 봐요.

● **A/V-아/어/해요** to A/V

Adjective · Verb					
ㅏ, ㅗ		ㅏ, ㅗ (×)		-하다	
V	V-아요	V	V-어요	V	V-해요
가다 받다	가요 받아요	먹다 읽다	먹어요 읽어요	일하다 운동하다	일해요 운동해요

EX 저는 회사에 가요.
　　제니는 책을 읽어요.
　　오빠는 매일 운동해요.

● **N에서 (장소)** in N (place)

Place Noun	
N	N에서
학원 백화점	학원에서 백화점에서

EX 학원에서 한국어를 공부해요.
　　백화점에서 쇼핑해요.

☺ **Expression**

◆ 가: 오늘이 무슨 요일이에요?
　　나: 오늘은 월요일이에요.
◆ 가: 수요일에 뭐 해요?
　　나: 수요일에 일해요.
◆ 가: 어디에서 일해요?
　　나: 회사에서 일해요.

Unit 6 과거 일 말하기 Speaking about fact of past

● **날짜** date

몇 월	며칠
일월	일일
삼월	삼일
십이월	십이일

EX 제 생일은 삼월이에요.
오늘은 십이월 십이일이에요.

● **시간** time

몇 시	몇 분
한 시	일 분
네 시	사 분
열한 시	십일 분

EX 내일 한 시에 시험이 있어요.
지금은 열한 시 사 분이에요.

● **A/V-았/었/했어요** to A/V + -ed

Adjective · Verb					
ㅏ, ㅗ		ㅏ, ㅗ (×)		-하다	
V	V-았어요	V	V-었어요	V	V-했어요
가다	갔어요	먹다	먹었어요	일하다	일했어요
받다	받았어요	읽다	읽었어요	운동하다	운동했어요

EX 저는 선물을 받았어요.
제니 씨는 아침에 빵을 먹었어요.
언니는 어제 회사에서 일했어요.

😊 Expression

◆ 가: 지금이 몇 시예요?
  나: 지금은 한 시 이십 분이에요.
◆ 가: 오늘이 며칠이에요?
  나: 오늘은 시월 구일이에요.
◆ 가: 어제 뭐 했어요?
  나: 회사에서 일했어요.

Unit 7 묘사하기 Describing

● **N이/가 어때요?** how about N

Noun			
ending in a consonant		ending in a vowel	
N	N이 어때요?	N	N가 어때요?
음식	음식이 어때요?	영화	영화가 어때요?
옷	옷이 어때요?	커피	커피가 어때요?

EX 이 옷이 어때요?
한국 영화가 어때요?

● **'으' 탈락** '으' elimination

Adjective · Verb		
basic form	present tense (-아요/어요/해요)	past tense (-았어요/었어요/했어요)
예쁘다	예뻐요	예뻤어요
크다	커요	컸어요
쓰다	써요	썼어요
바쁘다	바빠요	바빴어요
나쁘다	나빠요	나빴어요
슬프다	슬퍼요	슬펐어요

EX 영화가 슬퍼요.
저는 어제 바빴어요.

● **A-고** A and

Adjective	
A	A-고
재미있다 / 친절하다 싸다 / 예쁘다	재미있고 친절하다 싸고 예쁘다

EX 선생님이 재미있고 친절해요.
옷이 싸고 예뻐요.

😊 Expression

◆ 가: 신발이 정말 멋있어요.　　　나: 고마워요.
◆ 가: 커피 맛이 어때요?　　　　　나: 조금 써요.
◆ 가: 떡볶이가 싸고 맛있어요.　　나: 그래서 저도 떡볶이를 자주 먹어요.

Unit **8** 비교/대조하기 Constrasting/Comparing

● '**ㅂ**' **불규칙** 'ㅂ' irregular

Adjective		
basic form	present tense (–아요/어요/해요)	past tense (–았어요/었어요/했어요)
춥다	추워요	추웠어요
가깝다	가까워요	가까웠어요
어렵다	어려워요	어려웠어요
쉽다	쉬워요	쉬웠어요
가볍다	가벼워요	가벼웠어요
귀엽다	귀여워요	귀여웠어요

EX 인형이 귀여워요.
  시험이 어려웠어요.

● **A–지만** A but

Adjective	
A	A–지만
예쁘다 / 비싸다 쉽다 / 많다	예쁘지만 비싸다 쉽지만 많다

EX 이 시계는 예쁘지만 비싸요.
  한국어 숙제가 쉽지만 많아요.

● **N보다 (더)** than N

Noun	
N	N보다
한국 제니	한국보다 제니보다

EX 태국이 한국보다 더워요.
  미나가 제니보다 더 커요.

😊 Expression

◆ 가: 오늘 날씨가 너무 더워요.　　나: 우리 같이 아이스크림 먹어요.
◆ 가: 학교생활이 어때요?　　나: 힘들지만 재미있어요.
◆ 가: 서울이 제주도보다 더워요?　　나: 아니요, 제주도가 서울보다 더 더워요.

지금 뭐 하고 있어요?

What are you doing now?

일과 말하기 2

Speaking about daily routine 2

- V–고 있어요 V + -ing
- 안 + A/V not + A/V
- A/V–지 않아요 not + A/V

- What are you doing right now?
- Is Korean hard for you?

진해 벚꽃
Jinhae Cherryblossom

🎧 Track 09-1

가 : 뭐 하고 있어요?

나 : 손을 씻고 있어요.

문법
Grammar

V-고 있어요

It expresses an ongoing action. It is used together with verb.

 TIP
When asking about a task that a person have been doing in already passed time '-고 있었어요?' is used. The response will also be '-고 있었어요'.

• 예문 Example
가 : 뭐 하고 있었어요?
나 : 영화를 보고 있었어요.

🎧 Track 09-2

어휘
Vocabulary

□ 손 hand
□ 씻다 to wash

 연습 Practice

책을 읽고 있어요.

❶ 밥을 먹다　　　　　▶ _____

❷ 음악을 듣다　　　　▶ _____

❸ 한국어를 공부하다　▶ _____

❹ 일하다　　　　　　▶ _____

🎧 Track 09-3

가: 한국어가 어려워요?

나: 아니요, **안** 어려워요.

문법
Grammar

안+A/V (Negative Statement 1)

It is used when creating a negative statement. It is used in front of adjectives or verbs.

EX 안 가요.
안 들어요.
안 피곤해요.
안 멀어요.

TIP
Some words has matching opposite words to be used.
EX 재미있어요 ↔ 안 재미있어요 (×) / 재미없어요 (○)
맛있어요 ↔ 안 맛있어요 (×) / 맛없어요 (○)

When using verbs that has '-해요' in it, '안' comes immediately before '해요'.
EX 안 공부해요 (×) / 공부 안 해요 (○)

• 예문 Example
가: 피곤해요?
나: 아니요, 안 피곤해요.

🎧 Track 09-4

어휘
Vocabulary

☐ 피곤하다 to be tired
☐ 가격 price

 연습 Practice

날씨가 **안** 더워요.

❶ 옷　　　　예쁘다　　　　▶ _____

❷ 가격　　　비싸다　　　　▶ _____

❸ 학교(에)　가다　　　　　▶ _____

❹ 책(을)　　읽다　　　　　▶ _____

❺ 저(는)　　*일하다　　　　▶ _____

> 가 : 비빔밥을 좋아해요?
>
> 나 : 아니요, 저는 비빔밥을 좋아하지 않아요.

문법
Grammar

A/V-지 않아요 (Negative Statement 2)

It is used when creating a negative statement, attached to adjectives or verbs word stems.

> TIP
>
> Some verbs or adjectives may only use '-지 않아요'.
>
> EX 안 아름다워요 (×) / 아름답지 않아요 (○)
>
> 안 없어요 (×) / 없지 않아요 (×)

• 예문 Example

가 : 어제 학교에 갔어요?

나 : 아니요, 학교에 가지 않았어요.

 Track 09-6

어휘
Vocabulary

☐ 아름답다 to be beautiful

>> **연습** Practice

날씨가	덥지 않아요.	
❶ 옷	예쁘다	▶
❷ 가격	비싸다	▶
❸ 학교에	가다	▶
❹ 책(을)	읽다	▶
❺ 저(는)	일하다	▶

강준: 미나 씨, 지금 뭐 하고 있어요?

미나: 공부하고 있어요.

강준: 무슨 공부를 하고 있어요?

미나: 한국어 공부를 하고 있어요. 내일 시험이 있어요.

강준: 한국어 공부가 어때요? 어렵지 않아요?

미나: 안 어려워요. 아주 재미있어요.

강준: 다행이에요.

어휘 및 표현

Vocabulary
and
Expression

□ 다행이에요 that's a relief

확장 학습 Extensive Learning

📁 반의어 Antonym

⌄ 동사 Verb

이동/방향 동사 movement/direction

가다 to go	↔	오다 to come
출발하다 to departure	↔	도착하다 to arrive
타다 to get on	↔	내리다 to take down
들어가다 to enter	↔	나오다 to get out
올라가다 to go up	↔	내려가다 to go down

기타 동사 the others

사다 to buy	↔	팔다 to sell
주다 to give	↔	받다 to receive
입다 to wear	↔	벗다 to take off
켜다 to light up	↔	끄다 to put out
묻다 to ask	↔	대답하다 to answer
만나다 to meet	↔	헤어지다 to part with

⌄ 형용사 Adjective

상태/모양 형용사 state/shape

좋다 to be good	↔	나쁘다 to be bad
비싸다 to be expensive	↔	싸다 to be cheap
빠르다 to be fast	↔	느리다 to be slow
같다 to be same	↔	다르다 to be different
멀다 to be far	↔	가깝다 to be close
높다 to be high	↔	낮다 to be low
크다 to be big	↔	작다 to be small
많다 to be plenty of	↔	적다 to be few

감정/느낌 형용사 emotion/feeling

좋다 to be like	↔	싫다 to be hate
맛있다 to be delicious	↔	맛없다 to be tasteless
멋있다 to be fine	↔	멋없다 to be dry
재미있다 to be fun	↔	재미없다 to be boring
기쁘다 to be happy	↔	슬프다 to be sad
쉽다 to be easy	↔	어렵다 to be difficult
덥다 to be hot	↔	춥다 to be cold

연습 Exercise

어휘 Vocabulary

가 다음 표를 완성하세요. Complete the table.

기본형 basic form	안	-지 않아요
보기 오다	안 와요	오지 않아요
먹다		
듣다		
덥다		
예쁘다		
*일하다		
*쇼핑하다		

나 빈칸에 들어갈 어휘를 〈보기〉에서 골라 쓰세요.
Choose the correct word from the example and fill in the blanks.

보기	가격	시험	아름다워요	다행이에요	안

1. 내일 (   )이 있어요. 그래서 지금 공부하고 있어요.

2. 배가 고파요. 밥을 아직 (   ) 먹었어요.

3. 꽃이 정말 (   ).

4. 이 음식은 (   )이 너무 비싸요.

5. 학교에 늦지 않았어요. (   ).   *늦다 : to be late

연습 Exercise

듣기 Listening

가 대화를 잘 듣고 빈칸을 채워 보세요. Listen the following and fill the blanks. 🎧 Track 09-8

> 강준 : 무슨 공부를 하고 있어요?
>
> 미나 : _____. 내일 시험이 있어요.
>
> 강준 : 한국어 공부가 어때요? 어렵지 않아요?
>
> 미나 : _____. 아주 재미있어요.

나 다음을 듣고 질문에 알맞은 답을 골라 보세요. 🎧 Track 09-9

Listen carefully and choose the correct answer.

1. 미나 씨는 무엇을 하고 있어요? What is Mina doing?

①    ②    ③

2. 남자는 어제 어떤 바지를 샀어요? Which pants did the man get yesterday?

①   ②   ③

➕ **다음 문장을 읽어 보세요.** Read the following.

1. 지금 뭐 하고 있어요?

2. 영화를 보고 있어요.

3. 어제 친구 생일 파티에 안 갔어요.

4. 이 가방은 크지 않아요.

말하기 Speaking 　 🎧 Track 09-11

➕ **다음 문장을 듣고 대답해 보세요.** Listen the following and answer.

1. (음악을 듣다) ⇨ _____

2. 아니요, _____

3. 아니요, _____

연습 Exercise

쓰기 Writing

가 다음 단어를 이용해서 문장을 만들어 보세요.
Make a sentence using following words.

1. 하고, 뭐, 지금, 있어요   ⇨ _____?

2. 집에서, 멀어요, 안, 회사까지 ⇨ _____.

3. 가지, 어제, 않았어요, 학교에 ⇨ _____.

나 친구들이 지금 무엇을 하고 있어요? 써 보세요.
What are they doing now? Write what they are doing.

수지는 지금   고 있어요.

사라는   고 있어요.

케빈은

SELF ASSESSMENT

😊 EVALUATE YOUR ABILITY!

- I know [   ] vocabularies learned today.   **more than 10** | **9~6** | less than 5

- I can use [   ] among three expressions learned today.   **3** | **2** | 1

- I can express "I am studying." in Korean.

  _____

150

궁합이 맞는 음식
Well-matched food

When you are watching Korean dramas or movies you may hear the characters saying 'Kimchi-jeon and makgeolli for rainy days'. Like that, there are certain foods and drinks Korean people think it should be enjoyed together for particular situations, such as 'jeon and makgeolli', 'chicken and beer', 'pork's belly and soju'. Korean people particularly like to enjoy jeon and makgeolli on rainy days, chicken and beer for hot days, and on days they worked hard pork's belly and soju. Why is that? Let me see. Maybe you can understand it if you try it yourself. But, don't get confused. Jeon and makgeolli on rainy days, chicken and beer for hot days, and on days you worked hard pork's belly and soju.

Unit 10

이게 뭐예요?

What is this?

제안하기 Suggesting

- A/V-(으)면 if
- V-(으)ㄹ까요? Shall we V
- V-고 싶어요 I'd like to V

- Do you know about tourist attractions in Korea?
- Which places in Korea do you want to visit?

홍대거리
Hongik university street

🎧 Track 10-1

가 : 시간이 있<u>으면</u> 보통 뭐 해요?

나 : 친구를 만나요.

문법
Grammar

A/V-(으)면

It is used when telling about a fact that has been supposed or a condition. It is used after adjectives or verbs. When the word stem ends with a consonant '-으면' is used, otherwise '-면' is used.

• 예문 Example

가 : 친구를 만나면 뭐 해요?

나 : 영화를 봐요.

🎧 Track 10-2

어휘
Vocabulary

☐ 보통 usually
☐ 파전 pajeon
☐ 비가 오다 to rain
☐ 방학이 되다 to take a vacation

☐ 여행을 가다 to travel
☐ 열심히 with eager
☐ 연습하다 [연스파다] to practice

》연습 Practice

시간이 있으면	친구를 만나요.	
❶ 비가 오다	파전을 먹다	▶ _____
❷ 방학이 되다	여행을 가다	▶ _____
❸ 시험이 있다	열심히 공부해야 하다	▶ _____
❹ 한국 드라마를 보다	한국어를 연습할 수 있다	▶ _____

대화 2 Dialogue 2

> 가 : **주말에 같이 저녁 먹을까요?**
> _주마레   가치   저녁   머글까요_
> 나 : 네, 좋아요.

문법
Grammar

V-(으)ㄹ까요?

It is used when suggesting something to the listener. It is used after the verb and if the word stem ends with a consonant '-을까요' is used, or if it ends with a vowel or the letter 'ㄹ', '-ㄹ까요' is used.

> **TIP** ▶ Usually, it is used in form '같이 -(으)ㄹ까요?' or '우리 같이 -(으)ㄹ까요?'.

• 예문 Example
가 : 우리 같이 영화 볼까요?
나 : 네, 좋아요.

어휘
Vocabulary

☐ 주말 weekend
☐ 남이섬 [나미섬] Namiseom

☐ 야구를 보러 가다
　　to go to the baseball game

» 연습 Practice

같이 시험공부할까요?

❶ 케이크를 만들다　　　▶ _____

❷ 음악을 듣다　　　　　▶ _____

❸ 남이섬에 가다　　　　▶ _____

❹ 청소하다　　　　　　▶ _____

❺ 야구를 보러 가다　　　▶ _____

🎧 Track 10-5

가 : 뭐 하고 싶어요?
    시퍼요
나 : 집에서 쉬고 싶어요.
    시퍼요

V-고 싶어요

문법
Grammar

It is used when willing to do something with the opponent. It is used with verb. When telling something you wanted to do in the past '-고 싶었어요' is used.

- 예문 Example

가 : 어디에 가고 싶어요?
나 : 경주에 가고 싶어요.

🎧 Track 10-6

어휘
Vocabulary

☐ 쉬다 to take a rest
☐ 경주 Gyeongju
☐ 사귀다 to go out

☐ 콘서트 concert
☐ 그만두다 to leave

» **연습** Practice

쇼핑하고 싶어요.

❶ 친구를 사귀다 ▶ _____

❷ 콘서트에 가다 ▶ _____

❸ 한국 회사에서 일하다 ▶ _____

❹ 일을 그만두다 ▶ _____

강준 : 미나 씨, 이번 주말에 시간이 있으면 같이 홍대에 갈까요?

미나 : 네, 좋아요. 같이 가요.

강준 : 홍대에서 뭐 하고 싶어요?

미나 : 플리마켓을 구경하고 싶어요.

강준 : 또 뭐 하고 싶어요?

미나 : 연극을 보고 싶어요.

강준 : 그럼 플리마켓을 구경하고 연극을 볼까요?

미나 : 네, 그렇게 해요.

어휘 및 표현

Vocabulary and Expression

☐ 이번 주말 this weekend
☐ 홍대 Hongik university
☐ 플리마켓 flea market
☐ 구경하다 to look around

☐ 또 and
☐ 연극 play
☐ 그렇게 해요 sure

📁 영화 장르 Movie Genre

액션 영화 action movie

코미디 영화 comic movie

공포, 스릴러 영화
horror movie

로맨틱 영화
romantic movie

애니메이션
animation movie

다큐멘터리 영화
documentary movie

전쟁 영화 war movie

📁 음악 장르 Music Genre

팝 pop

댄스 dance

힙합 hiphop

록 rock

재즈 jazz

클래식 classic

국악 gukak (Korean classic music)

연습 Exercise

어휘 Vocabulary

가 다음 표를 완성하세요. Complete the table.

기본형 basic form	-(으)ㄹ까요?
보기 가다	갈까요?
먹다	
만나다	
입다	
공부하다	
*듣다	
*놀다	

나 빈칸에 들어갈 어휘를 〈보기〉에서 골라 쓰세요.
Choose the correct word from the example and fill in the blanks.

보기	연습하다	드라마	콘서트	그만하다	사귀다

1. 노래를 좋아하면 같이 (   )에 갈까요?

2. 저는 보통 주말에 집에서 (   )를 봐요.

3. 피곤하면 오늘 공부는 (   )까요?

4. 내일 음악 시험이 있어서 노래를 (   ).

5. 학교에서 한국 친구를 (   )고 싶어요.

연습 Exercise

가 대화를 잘 듣고 빈칸을 채워 보세요. Listen the following and fill the blanks. 🎧 Track 10-8

> 강준 : 미나 씨, _____ 같이 홍대에 갈까요?
>
> 미나 : 네, 좋아요. 같이 가요.
>
> 강준 : 홍대에서 뭐 하고 싶어요?
>
> 미나 : 플리마켓을 _____.

나 다음을 듣고 질문에 알맞은 답을 골라 보세요. 🎧 Track 10-9
Listen carefully and choose the correct answer.

1. 여자는 어떤 영화가 보고 싶어요? Which movie does woman want to see?

① 　② 　③

2. 남자는 방학 때 무엇을 하고 싶어요? What does the man want to do in the vacation?

① 　② 　③

읽기 Reading 🎧 Track 10-10

➕ **다음 문장을 읽어 보세요.** Read the following.

1. 시간이 있으면 보통 뭐 해요?

2. 주말에 뭐 하고 싶어요?

3. 바다에 놀러 가고 싶어요.

4. 같이 저녁 먹을까요?

말하기 Speaking 🎧 Track 10-11

➕ **다음 문장을 듣고 대답해 보세요.** Listen the following and answer.

1. (책을 읽다) ⇨ _____

2. (집에서 쉬다) ⇨ _____

3. 네, _____

연습 Exercise

가 다음 단어를 이용해서 문장을 만들어 보세요.
Make a sentence using following words.

1. 만나면, 친구를, 뭐, 보통, 해요 ⇨ _____?

2. 방학, 싶어요, 뭐, 때, 하고 ⇨ _____?

3. 같이, 먹을까요, 불고기를, 주말에 ⇨ _____?

나 여러분은 시간이 있으면 무엇을 하고 싶어요? 써 보세요.
What do you want to do if you are free? Write.

저는 시간이 있으면	고 싶어요.
또	고 싶어요.
그리고	

SELF ASSESSMENT

📽️ EVALUATE YOUR ABILITY!

- I know _____ vocabularies learned today. [more than 10] [9~6] [less than 5]

- I can use _____ among three expressions learned today. [3] [2] [1]

- I can express "I'd like to see a movie this weekend." in Korean.

사투리
Dialect

Although Korea is not a really big country, different dialects are used in different regions. Therefore, in Korea sometimes there are cases where people have difficulty understanding people from different regions. But also it has the advantage of feeling close to each other if they are using the same dialect. What would '내 니를 억수로 사랑한데이' mean? It means 'I love you very much.' It's really fun, isn't it? Pay attention to Korean dramas or movies. Maybe you will suddenly start to understand funny dialects.

Unit 11

길이 막혀서 늦었어요.

I'm late for traffic jam.

이유 말하기 Speaking about reason

- A/V–아/어/해서 so
- 못 + V can not + V
- V–지 못해요 can not + V

생각해 보세요
Think about it

- Have you ever been late to appointment time?
- What was the reason for being late?

🎧 Track 11-1

가: 왜 택시를 탔어요?

나: 시간이 없<u>어서</u> 택시를 탔어요.

문법
Grammar

A/V-아/어/해서

It is used when the action or fact in the front is the reason or cause of the latter result. If the vowel of the last word stem of adjective or verb is 'ㅏ' or 'ㅗ', it is written with '-아서', otherwise used with '-어서', and '-하다' is written as '해서'.

It occurs vowel reduction or elimination like '-아요/어요/해요'.

> **TIP** '-아/어/해서요' can also be used for responding.
>
> [EX] 왜 택시를 탔어요?
>
>   시간이 없어서요.

• 예문 Example

가: 오늘 왜 기분이 좋아요?

나: 시험을 잘 봐서 기분이 좋아요.

🎧 Track 11-2

어휘
Vocabulary

☐ 택시 taxi
☐ 시험을 잘 보다 to do well on the exam
☐ 늦게까지 [늗께까지] lately
☐ 기분이 좋다 to be feel good

☐ 잠 sleep
☐ 목이 마르다(※ 마르다 → 말라-) to be thirsty
　　　　　　　　└▶ '르' irregular verb
☐ 물 water

≫ **연습** Practice

어제 늦게까지 일해서 피곤해요.

❶ 날씨가 좋다　　　산책을 하다　　▶ _____

❷ 새 옷을 사다　　　기분이 좋다　　▶ _____

❸ 커피를 마시다　　잠이 안 오다　　▶ _____

❹ 목이 마르다　　　물을 많이 마시다　▶ _____

대화 2 Dialogue 2

가 : 점심 먹었어요?

나 : 아니요, 아직 **못** 먹었어요.
　　　아직　　*몬머거써요*

문법
Grammar

못+V (Ability Negative Statement 1)

It is used when in case of not having the ability to do some action or the prior condition is not yet fulfilled. It is used only with the verb.

> **TIP** Just like '안', with the verb '-하다', '못' comes right before.

• 예문 Example

　능력　가 : 한국 음식을 만들 수 있어요?
　　　　　나 : 아니요, 저는 못 만들어요.

　상황　가 : 민수 씨와 이야기했어요?
　　　　　나 : 아니요, 바빠서 이야기 못 했어요.

🎧 Track 11-4

어휘
Vocabulary

□ 점심 lunch
□ 바쁘다 to be busy
□ 숙제 [숙쩨] homework

>> **연습** Practice

저는 **피아노를　못　쳐요.**

❶ 일본어를　　하다　　▶ _____

❷ 수영을　　　하다　　▶ _____

아직 **숙제를　못　했어요.**

❶ 지금 음식을　만들다　▶ _____

❷ 내일 학교에　가다　　▶ _____

🎧 Track 11-5

가 : 어제 지나 씨 생일 파티에 갔어요?

나 : 아니요, 아르바이트가 있어서 가지 **못했어요**.
　　　　　　　　　　　　　　　　　　　　모태써요

문법
Grammar

V-지 못해요 (Ability Negative Statement 2)

It is used when in case of not having the ability to do some action or the prior condition is not yet fulfilled. Used by attaching to verb's word stem.

'못' is not used with adjective. However, there are some cases where '-지 못해요' is used with adjectives.

EX 못 똑똑하다 (×) / 똑똑하지 못하다 (○)

• 예문 Example

능력　　가 : 중국어를 할 수 있어요?
　　　　나 : 아니요, 저는 중국어를 하지 못해요.

상황　　가 : 내일 같이 영화를 볼 수 있어요?
　　　　나 : 미안해요. 내일 시험이 있어서 같이 영화를 보지 못해요.

🎧 Track 11-6

어휘
Vocabulary

☐ 아르바이트 part time job
☐ 똑똑하다 [똑또카다] to be smart

>> **연습** Practice

저는 피아노를　　치지 못해요.

❶ 일본어를　　하다　　　　　▶ _____

❷ 수영을　　　하다　　　　　▶ _____

어제 저녁에 숙제를　　하지 못했어요.

❶ 지금 음식을　　만들다　　　▶ _____

❷ 내일 학교에　　가다　　　　▶ _____

미나: 강준 씨, 왜 이렇게 늦었어요?

강준: 미안해요. 길이 막혀서 늦었어요.

미나: 점심은 먹었어요?

강준: 시간이 없어서 못 먹었어요. 미나 씨는요?

미나: 저도 아직 먹지 못했어요.

강준: 그럼 같이 점심 먹으러 갈까요?

미나: 네, 좋아요.

강준: 늦어서 미안해요. 대신 점심은 제가 살게요.

어휘 및 표현 Vocabulary and Expression		
□ 이렇게 like this	□ 아직 still	
□ 길이 막히다 a road is blocked	□ 대신 instead	
□ 시간이 없다 to have no time	□ 제가 살게요 I'll take you out	

기분과 관련된 형용사 Adjective related feelings

괜찮아요
to be fine

외로워요
to be lonely

그리워요
to be miss

즐거워요
to be fun

답답해요
to be stuffy

지루해요
to be boring

무서워요
to be fear

편해요
to be comfortable

부끄러워요
to be shy

행복해요
to be happy

연습 Exercise

어휘 Vocabulary

가 다음 표를 완성하세요. Complete the table.

기본형 basic form	-아/어/해서
보기 가다	가서
읽다	
일하다	
멋있다	
*쓰다	
*듣다	
*춥다	
*마르다	

나 빈칸에 들어갈 어휘를 〈보기〉에서 골라 쓰세요.
Choose the correct word from the example and fill in the blanks.

보기 없다	마르다	피곤하다	똑똑하다	막히다

1. 토요일이어서 길이 많이 (　　　　).

2. 농구를 해서 목이 (　　　　).

3 아르바이트를 해서 시간이 (　　　　).

4. 늦게까지 공부해서 무척 (　　　　).

5. 제 동생이 저보다 더 (　　　　).

듣기 Listening

가 대화를 잘 듣고 빈칸을 채워 보세요. Listen the following and fill the blanks. 🎧 Track 11-8

> 미나 : 강준 씨, 왜 이렇게 늦었어요?
>
> 강준 : 미안해요. _____ 늦었어요.
>
> 미나 : 점심은 먹었어요?
>
> 강준 : _____ 못 먹었어요.

나 다음을 듣고 질문에 알맞은 답을 골라 보세요. 🎧 Track 11-9
Listen carefully and choose the correct answer.

1. 미나 씨는 왜 약속에 늦었어요? Why was Mina late to the appointment time?

①  ②  ③

2. 남자가 못하는 운동은 뭐예요? Which sports can not the man do?

①  ②   ③

읽기 Reading 🎧 Track 11-10

➕ **다음 문장을 읽어 보세요.** Read the following.

1. 시간이 없어서 택시를 탔어요. 　　 *탔어요 : take

2. 아직 점심을 못 먹었어요.
　　 점시믈　 몬머거써요

3. 저는 중국어를 못 해요.

4. 아르바이트가 있어서 가지 못했어요.

말하기 Speaking 🎧 Track 11-11

➕ **다음 문장을 듣고 대답해 보세요.** Listen the following and answer.

1. (길이 막히다) ⇨ _____

2. 아니요, _____ /

_____

3. 미안해요. 내일 시험이·있어서 _____ /

_____

연습 Exercise

쓰기| Writing

가 다음 단어를 이용해서 문장을 만들어 보세요.
Make a sentence using following words.

1. 막혀서, 탔어요, 지하철을, 길이   ⇨ _____.

2. 동생은, 기타를, 쳐요, 제, 못   ⇨ _____.

3. 잤어요, 시끄러워서, 못, 잠을, 밖이   ⇨ _____.

나 여러분은 한국어를 왜 공부해요? 이유를 써 보세요.
Why do you study Korean? Write the reasons.

"한국 가수"   "한국 드라마"   "한국 여행"

저는 _____
_____
_____

SELF ASSESSMENT

🎬 EVALUATE YOUR ABILITY!

- I know _____ vocabularies learned today. | more than 10 | 9~6 | less than 5 |

- I can use _____ among three expressions learned today. | 3 | 2 | 1 |

- I can express "I met boyfriend yesterday so I did not do homework." in Korean.

_____

한국 문화 Korean Culture

한국 사람들은 왜 매운 음식을 좋아해요?

Why do Korean like spicy food?

Korean people like exceptionally spicy food. Spicy tteokbokki, spicy galbi-jjim, spicy stir-fried octopus is a must, and foods that make you feel like your mouth is on fire like Fire Chicken, Fire Jjambbong, Fire Pig Feet, etc. are spicy to make you in tears but people enjoy them. Korean people think that spicy food relieves stress. Also, they think that real spicy food has some nutrients to make our mood better. In the restaurants that sell spicy food you can select the spiciness of the food by levels simple, normal, really spicy options, how about trying to order really spicy on a stressful day? Right, Bulgogi is not spicy meat.

길이 막히니까 지하철을 타세요.

The traffic was heavy so take the subway.

학습 목표
the aims of the lesson

조언하기 Advising

- V–(으)ㄹ 거예요 will + V
- A/V–(으)니까 so
- V–지 마세요 Do not + V

생각해 보세요
Think about it

- What are you going to do on the weekend?
- What was the reason?

남이섬
Namiseom

🎧 Track 12-1

> 가 : **주말에 뭐 할 거예요?**
>
> 나 : **토요일에 남이섬에 갈 거예요.**

문법
Grammar

V-(으)ㄹ 거예요

Attached after verb, it is used when talking about future plans or hopes. If the last letter of the word stem is a consonant '-을 거예요' is used, or if it ends with a vowel or the letter 'ㄹ', '-ㄹ 거예요' is used.

• 예문 Example
  가 : 내년에 뭐 할 거예요?
  나 : 저는 내년에 한국에 갈 거예요.

🎧 Track 12-2

어휘
Vocabulary

☐ 내년 next year
☐ 경치 scenery
☐ 구경하다 to look around

>> **연습** Practice

집에 갈 거예요.

❶ 영화를 보다 ▶ _____

❷ 한국어를 공부하다 ▶ _____

❸ 태국 여행을 하다 ▶ _____

❹ 아름다운 경치를 구경하다 ▶ _____

🎧 Track 12-3

가 : 홍대까지 버스를 탈까요?

나 : 길이 막히**니까** 지하철을 타세요.

문법
Grammar

A/V-(으)니까

It is used when the action or fact in the front is the reason or cause of the result in the back. If the word stem's last letter is a consonant '-으니까' is used, otherwise '-니까' is used.

> **TIP**
> Difference between '-아/어서' and '-(으)니까'
> After '-(으)니까', imperative or request sentences can be used.
> EX 비가 와서 우산을 쓰세요. (×)
> 비가 오니까 우산을 쓰세요. (○)
>
> '-(으)니까' cannot be used together with past tense of verb.
> EX 늦었어서 지하철을 탈 거예요. (×)
> 늦었으니까 지하철을 탈 거예요. (○)

• 예문 Example
   가 : 우리 산책할까요?
   나 : 배가 고프니까 밥을 먼저 먹어요.

🎧 Track 12-4

어휘
Vocabulary

□ 타다 to take
□ 우산 umbrella
□ 먼저 first
□ 창문 window

□ 닫다 to close
□ 일찍 early
□ 경복궁 [경복꿍] Gyeongbokgung

 연습 Practice

날씨가 추우니까	창문을 닫을까요?
❶ 시간이 없다	택시를 타다 ▶
❷ 아프다	집에 일찍 가다 ▶
❸ 내일이 토요일이다	같이 경복궁에 가다 ▶
❹ 시험이 끝났다	술을 한잔하다 ▶

가 : 이 영화 재미있어요?

나 : 아니요, 재미없으니까 보지 마세요.

문법
Grammar

V-지 마세요

It is used when commanding that some action cannot be done. It is used after verb.

• 예문 Example

가 : 창문을 닫을까요?

나 : 아니요, 더우니까 닫지 마세요.

🎧 Track 12-6

어휘
Vocabulary

☐ 운전하다 to drive
☐ 술 alcoholic drink
☐ 떠들다 to make noise

☐ 많이 much
☐ 소리 sound
☐ 통화를 하다 to call

≫ **연습** Practice

운전하지 마세요.

❶ 술을 마시다 ▶ _____

❷ 떠들다 ▶ _____

❸ 너무 많이 먹다 ▶ _____

❹ 큰 소리로 통화를 하다 ▶ _____

강준 : 이번 방학에 뭐 할 거예요?

미나 : 저는 친구하고 부산에 갈 거예요.

강준 : 부산까지 어떻게 갈 거예요?

미나 : 버스를 타고 갈 거예요.

강준 : 버스는 시간이 너무 많이 걸리니까 타지 마세요.

미나 : 그럼 어떻게 가요?

강준 : 기차를 타고 가세요. 기차가 버스보다 더 편해요.

미나 : 아, 알겠어요. 고마워요.

어휘 및 표현

Vocabulary and Expression

□ 하고 with
□ 부산 Busan
□ 까지 to

□ 시간이 많이 걸리다
  take too much time
□ 편해요 to be convenient

확장 학습 Extensive Learning

📁 **금지 표현** Prohibition expression

들어가지 마세요
No enter

담배를 피우지 마세요
No smoke

음식을 먹지 마세요
Do not eat or drink

주차하지 마세요
No parking

통화하지 마세요
Do not use mobile phone

사진을 찍지 마세요
Do not take photograph

수영하지 마세요
No swimming

애완동물을 데려오지 마세요
Do not bring pet

연습 Exercise

어휘 Vocabulary

가 다음 표를 완성하세요. Complete the table.

기본형	-(으)ㄹ 거예요
보기 가다	갈 거예요
먹다	
오다	
연습하다	
일하다	
*듣다	
*놀다	

나 빈칸에 들어갈 어휘를 〈보기〉에서 골라 쓰세요.
Choose the correct word from the example and fill in the blanks.

보기	편하다	운전하다	떠들다	걸리다	닫다

1. 추우니까 문을 (   ).

2. 택시가 지하철보다 (   ).

3. 도서관에서 (   ) 마세요.

4. 저는 가끔 차를 (   ).

5. 버스는 시간이 너무 많이 (   )니까 지하철을 타세요.

연습 Exercise

가 대화를 잘 듣고 빈칸을 채워 보세요. Listen the following and fill the blanks. 🎧 Track 12-8

> 미나 : 저는 친구하고 부산에 갈 거예요.
>
> 강준 : 부산까지 _____?
>
> 미나 : 버스를 타고 갈 거예요.
>
> 강준 : 버스는 _____ 타지 마세요.

나 다음을 듣고 질문에 알맞은 답을 골라 보세요. 🎧 Track 12-9
Listen carefully and choose the correct answer.

1. 여기에서는 무엇을 할 수 없어요? What can not be done in here?

①    ②   ③

2. 남자는 제주도에서 무엇을 할 거예요? What will the man do in Jeju-do?

①    ②    ③

➕ 다음 문장을 읽어 보세요. Read the following.

1. 내일 뭐 할 거예요?

2. 친구와 영화를 볼 거예요.

3. 시간이 많이 걸리니까 지하철을 타세요.

4. 여기에서 떠들지 마세요.

말하기 Speaking　🎧 Track 12-11

➕ 다음 문장을 듣고 대답해 보세요. Listen the following and answer.

1. (책을 읽다)　⇨ _____

2. (시간이 많이 걸리다 / 기차) ⇨ _____

3. 아니요, _____

연습 Exercise

가 다음 단어를 이용해서 문장을 만들어 보세요.
Make a sentence using following words.

1. 뭐, 에, 주말, 할 거예요 ⇨ _____?

2. 타세요, 없으니까, 택시를, 시간이 ⇨ _____.

3. 마세요, 음식을, 여기에서, 먹지 ⇨ _____.

나 여러분은 방학이나 휴가 때 무엇을 할 거예요? 계획을 써 보세요.
What are you going to do on vacation? Write your plan.

저는

SELF ASSESSMENT

😊 EVALUATE YOUR ABILITY!

- I know _____ vocabularies learned today. | more than 10 | 9~6 | less than 5 |

- I can use _____ among three expressions learned today. | 3 | 2 | 1 |

- I can express "For rain you'd better take a taxi." in Korean.

_____

한국 문화 Korean Culture

한정식
Korean Table d'hote

In Korea, although it is generally common to serve all the food at once on the table, like western course meals there are meals that comes in order, taking time. It is called 한정식 (Korean table d'hote). Korean table d'hote starts with appetizer, and then staple food like crop and various sidedishes as appetizer, and dessert, depending on the ingredients and recipe of the meal, different kinds of spices and sauces are used, with variety of cooking techniques. There are around 1500 different kinds of sidedishes for Korean table d'hote, and they are cooked in various ways like grilled dishes, stir-fried dishes, pan-fried dishes, sliced boiled meat, glazed dishes, fresh salad, steamed vegetables, fried kelp, steamed dishes, hot pot, etc., depending on the season, region, preference. We took a look at menu of one Korean table d'hote restaurant in Gyeongju. You can enjoy many different dishes like these in Korean Table d'hote. That's why many people like Korean table d'hote instead of samgyeopsal.

Unit 9 일과 말하기 2 Speaking about daily routine 2

● V-고 있어요 V + -ing

Verb	
V	V-고 있어요
먹다	먹고 있어요
자다	자고 있어요

EX 언니는 지금 밥을 먹고 있어요.
제니는 방에서 자고 있어요.

● 안 + A/V not + A/V

Adjective · Verb	
A/V	안 + A/V
가다	안 가요
멀어요	안 멀어요

EX 저는 내일 회사에 안 가요.
집에서 백화점이 안 멀어요.

● A/V-지 않아요 not + A/V

Adjective · Verb	
A/V	A/V-지 않아요
일하다	일하지 않아요
어렵다	어렵지 않아요

EX 일요일에는 일하지 않아요.
이번 시험은 어렵지 않았어요.

😊 Expression

◆ 가: 뭐 하고 있어요?
  나: 손을 씻고 있어요.
◆ 가: 한국어가 어려워요?
  나: 아니요, 안 어려워요.
◆ 가: 비빔밥을 좋아해요?
  나: 아니요, 저는 비빔밥을 좋아하지 않아요.

Unit 10 제안하기 Suggesting

● A/V-(으)면 if

Adjective · Verb			
ending in a consonant		ending in a vowel	
A/V	A/V-으면	A/V	A/V-면
먹다	먹으면	만나다	만나면
좋다	좋으면	예쁘다	예쁘면

EX 저는 기분이 좋으면 춤을 춰요.
친구를 만나면 보통 영화를 봐요.

● V-(으)ㄹ까요? Shall we V

Verb			
ending in a consonant		ending in a vowel, ㄹ	
V	V-을까요?	V	V-ㄹ까요?
앉다	앉을까요?	가다	갈까요?
넣다	넣을까요?	전화하다	전화할까요?

EX 모두 자리에 앉을까요?
제가 저녁에 전화할까요?

● V-고 싶어요 I'd like to V

Verb	
V	V-고 싶어요
놀다	놀고 싶어요
자다	자고 싶어요

EX 친구와 놀고 싶어요.
하루 종일 자고 싶어요.

☺ Expression

◆ 가: 시간이 있으면 보통 뭐 해요?
　나: 친구를 만나요.
◆ 가: 주말에 같이 저녁 먹을까요?
　나: 네, 좋아요.
◆ 가: 뭐 하고 싶어요?
　나: 집에서 쉬고 싶어요.

Unit 11 이유 말하기 Speaking about reason

● A/V-아/어/해서 so

Adjective · Verb					
ㅏ, ㅗ		ㅏ, ㅗ (×)		-하다	
V	V-아서	V	V-어서	V	V-해서
오다	와서	입다	입어서	공부하다	공부해서
많다	많아서	맛있다	맛있어서	피곤하다	피곤해서

EX 비가 많이 와서 집에 있었어요.
음식이 맛있어서 많이 먹었어요.
너무 피곤해서 쉬고 싶어요.

● 못 + V can not + V

Verb	
V	못 + V
놀다	못 놀아요
치다	못 쳐요

EX 시간이 없어서 못 놀아요.
저는 피아노를 못 쳐요.

● V-지 못해요 can not + V

Verb	
V	V-지 못해요
만나다	만나지 못해요
수영을 하다	수영을 하지 못해요

EX 일이 많아서 친구를 만나지 못했어요.
제 동생은 수영을 하지 못해요.

😊 Expression

◆ 가: 왜 택시를 탔어요?
　 나: 시간이 없어서 택시를 탔어요.
◆ 가: 점심 먹었어요?
　 나: 아니요, 아직 못 먹었어요.
◆ 가: 어제 지나 씨 생일 파티에 갔어요?
　 나: 아니요, 아르바이트가 있어서 가지 못했어요.

Unit **12** 조언하기 Advising

● **V-(으)ㄹ 거예요** will + V

Verb			
ending in a consonant		ending in a vowel, ㄹ	
V	V-을 거예요	V	V-ㄹ 거예요
받다	받을 거예요	빌리다	빌릴 거예요
씻다	씻을 거예요	운동하다	운동할 거예요

> EX 손을 씻을 거예요.
> 도서관에서 책을 빌릴 거예요.

● **A/V-(으)니까** so

Adjective · Verb			
ending in a consonant		ending in a vowel	
A/V	A/V-으니까	A/V	A/V-니까
먹다	먹으니까	부르다	부르니까
재미있다	재미있으니까	바쁘다	바쁘니까

> EX 영화가 재미있으니까 제니 씨도 꼭 보세요.
> 노래를 많이 부르니까 목이 아파요.

● **V-지 마세요** Do not + V

Verb	
V	V-지 마세요
기다리다	기다리지 마세요
닫다	닫지 마세요

> EX 오늘 저는 늦게 끝나니까 기다리지 마세요.
> 방이 더우니까 창문을 닫지 마세요.

😊 **Expression**

◆ 가: 주말에 뭐 할 거예요?
  나: 토요일에 남이섬에 갈 거예요.
◆ 가: 홍대까지 버스를 탈까요?
  나: 길이 막히니까 지하철을 타세요.
◆ 가: 이 영화 재미있어요?
  나: 아니요, 재미없으니까 보지 마세요.

Unit 13

가방 좀 보여 주세요.

Show me the bag, please.

학습 목표
the aims of the lesson

물건 고르기 Choosing things

- A-(으)ㄴ+N A + N
- N1(이)나 N2 N1 or N2
- V-아/어/해 주세요 /
  V-아/어/해 드릴게요 please V / I'll V

생각해 보세요
Think about it

- Which color do you like?
- How do you ask for favor?

광장시장
Gwangjang Market

가 : 뭘 사고 싶어요?

나 : **예쁜** 가방을 사고 싶어요.

문법
Grammar

A-(으)ㄴ+N

It is used with adjective when modifying the noun after it. When the last letter of the word stem is a consonant '은' is used, otherwise 'ㄴ' is used. In case of '있다/없다', it is used in the form '있는/없는'.

• 예문 Example
가 : 어떤 옷을 좋아해요?
나 : 저는 긴 치마를 좋아해요.

어휘
Vocabulary

☐ 뭘=무엇을 what
☐ 갖다 to have
☐ 머리 hair

》 **연습** Practice

귀여운	인형을 갖고 싶어요.	
❶ 조용하다	음악을 듣고 싶다	▶ _____
❷ 짧다	머리가 좋다	▶ _____
❸ 어렵다	시험이 끝나다	▶ _____
❹ 멋있다	사람을 만나다	▶ _____

가 : 가방 좀 보여 주세요.

나 : 네, 보여 드릴게요.

문법
Grammar

V-아/어/해 주세요

Attached after the verb, it is used when requesting or softly commanding someone. If the vowel of the word stem is 'ㅏ' or 'ㅗ' '-아 주세요' is used, otherwise used as '-어 주세요', in case of '-하다' used as '해 주세요'.

EX 내일 책을 가져와 주세요.

V-아/어/해 드릴게요

It is used as response to '-아/어/해 주세요'. If the vowel of the word stem is 'ㅏ' or 'ㅗ' used as '-아 드릴게요', in case of other vowels used as '-어 드릴게요', in case of '-하다' used as '해 드릴게요'.

EX 제가 짐을 들어 드릴게요.

It occurs vowel reduction or elimination like '-아요/어요/해요'.

• **예문** Example
  가 : 이 책상 좀 옮겨 주세요.
  나 : 네, 옮겨 드릴게요.

🎧 Track 13-4

어휘
Vocabulary

□ 가져오다 to bring
□ 책상 [책쌍] desk
□ 옮기다 [옴기다] to move
□ 줄이다 [주리다] to reduce

□ 문 door
□ 돕다 to help

TIP In case of '돕다', it is relevant to 'ㅂ' irregular but when it meets ending starting '아' unlike other verbs and adjectives, 'ㅂ' changes '오'.
EX 돕다+ 아요 → 도와요
   돕다+ 아서 → 도와서

» 연습 Practice

이름을 써 주세요. / 이름을 써 드릴게요.

❶ 숙제를 돕다　　　　　　▶ _____

❷ 음악 소리를 줄이다　　　▶ _____

❸ 문을 닫다　　　　　　　▶ _____

🎧 Track 13-5

가 : 무슨 색 가방을 보여 드릴까요?

나 : 파란색이나 흰색 가방을 보여 주세요.

문법
Grammar

N1 (이)나 N2

It is used when picking one of the two or more objects.

Color

If the last letter of the adjective that expresses color is '하', the '하' will be dropped when attaching the adjective to the noun.

EX 하얗다 to be white → 하얀 티셔츠
까맣다 to be black → 까만 바지
파랗다 to be blue → 파란 모자
빨갛다 to be red → 빨간 립스틱
노랗다 to be yellow → 노란 스카프

> TIP
> In Korean, it is often used directly in conjunction with the nouns that color nouns decorate.
> EX 검은색 가방
> 파란색 치마

• **예문** Example
가 : 뭘 마시고 싶어요?
나 : 오렌지 주스나 사과 주스를 마시고 싶어요.

🎧 Track 13-6

어휘
Vocabulary

□ 파란색 blue
□ 흰색 white
□ 티셔츠 t shirt
□ 립스틱 lipstick
□ 스카프 scarf

□ 검은색 black
□ 농구 basket ball
□ 노란색 yellow
□ 빨간색 red

≫ **연습** Practice

김밥이나	떡볶이	
❶ 한국 음식	일본 음식	▶
❷ 야구	농구	▶
❸ 중국	인도	▶
❹ 노란색 신발	빨간색 신발	▶

회화 Conversation

점원 : 어서 오세요.

미나 : 안녕하세요? 여기 긴 치마 있어요?

점원 : 네, 있어요. 이거 어때요?

미나 : 음, 디자인은 예쁘지만 색이 마음에 안 들어요. 다른 색도 있어요?

점원 : 네, 있어요. 무슨 색으로 보여 드릴까요?

미나 : 검은색이나 회색으로 보여 주세요.

점원 : 알겠어요. 그럼 이 검은색 치마는 어때요?

미나 : 아, 이건 마음에 들어요. 이 검은색 치마로 주세요.

어휘 및 표현

Vocabulary and Expression

□ 디자인 design
□ -으로 When making a decision on an object, it is used by attaching after the decided noun. When the last syllable of the front noun is a consonant '으로' is used, otherwise if it is a vowel or last letter is 'ㄹ' '로' is used.

📁 색깔 Color

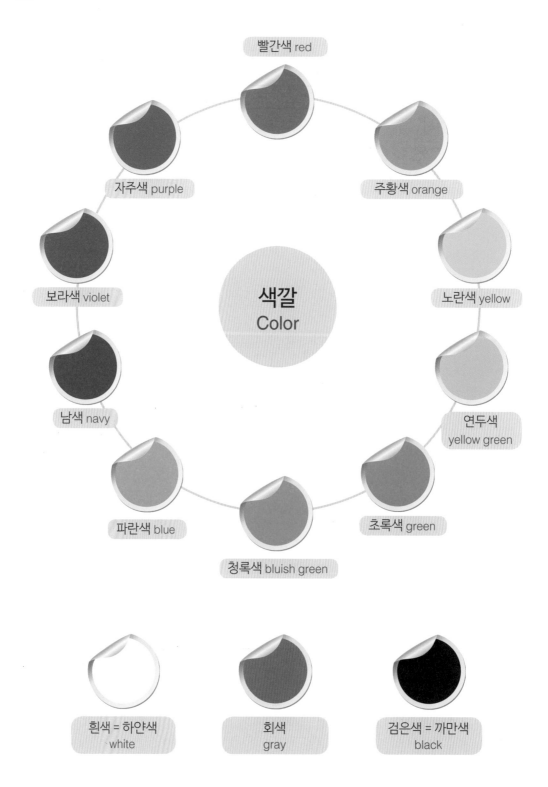

빨간색 red

자주색 purple

주황색 orange

보라색 violet

색깔
Color

노란색 yellow

남색 navy

연두색
yellow green

파란색 blue

초록색 green

청록색 bluish green

흰색 = 하얀색
white

회색
gray

검은색 = 까만색
black

연습 Exercise

가 다음 표를 완성하세요. Complete the table.

기본형 basic form	–아/어/해 주세요	–아/어/해 드릴게요
보기 찾다	찾아 주세요	찾아 드릴게요
찍다		
알리다		
만들다		
*쓰다		
*듣다		
*돕다		

나 빈칸에 들어갈 어휘를 〈보기〉에서 골라 쓰세요.
Choose the correct word from the example and fill in the blanks.

보기　옮기다　　까맣다　　조용하다　　줄이다　　빌리다

1. 빨간 모자와 (　　　　　) 모자, 둘 다 주세요.

2. 사람이 없어요. 아주 (　　　　　).

3. 텔레비전 소리가 너무 커요. 조금만 (　　　　　) 주세요.

4. 이 책을 (　　　　　) 드릴게요. 집에 가서 읽으세요.

5. 어제 텔레비전을 방에서 거실로 (　　　　　).

연습 Exercise

듣기 Listening

가 대화를 잘 듣고 빈칸을 채워 보세요. Listen the following and fill the blanks. 🎧 Track 13-8

> 점원 : 이거 어때요?
>
> 미나 : 음, _____ 색이 마음에 안 들어요.
>   다른 색도 있어요?
>
> 점원 : 네, 있어요. 무슨 색으로 보여 드릴까요?
>
> 미나 : _____으로 보여 주세요.

나 다음을 듣고 질문에 알맞은 답을 골라 보세요. 🎧 Track 13-9
Listen carefully and choose the correct answer.

1. 여자는 무슨 색 지갑을 샀어요? Which color of wallet did the woman buy?

①  ②  ③

2. 남자는 미나 씨 생일 선물로 무엇을 샀어요? What did the man buy for Mina's birthday?

①  ②  ③

🎧 Track 13-10

➕ **다음 문장을 읽어 보세요.** Read the following.

1. 예쁜 가방을 사고 싶어요.

2. 다른 색으로 보여 주세요.

3. 제가 사진을 찍어 드릴게요.

4. 검은 치마가 마음에 들어요.

말하기 Speaking

🎧 Track 13-11

➕ **다음 문장을 듣고 대답해 보세요.** Listen the following and answer.

1. (매운 음식) _____

2. 네, _____

3. 네, _____

연습 Exercise

쓰기 Writing

가 다음 단어를 이용해서 문장을 만들어 보세요.
Make a sentence using following words.

1. 티셔츠를, 멋있는, 싶어요, 사고 ⇨ _____.

2. 보여, 다른, 으로, 주세요, 색 ⇨ _____.

3. 드릴게요, 음식을, 만들어, 맛있는 ⇨ _____.

나 여러분은 어떤 옷이나 신발을 좋아해요? 써 보세요.
Which clothes or shoes do you like? Write.

(바지) 저는 _____

(신발) _____

(티셔츠) _____

SELF ASSESSMENT

😊 EVALUATE YOUR ABILITY!

- I know _____ vocabularies learned today.   more than 10   9~6   less than 5
- I can use _____ among three expressions learned today.   3   2   1
- I can express "Show me blue a bag." in Korean.

_____

한국의 이색 카페
Korea's Novelty Cafés

In Korea, there are not only coffeshops that you go for drinking coffee or tea, but also there are novel cafés you may find for different experiences. For people who like travelling, air cafés that offer in-flight meal menus just like in the planes, hammock cafés that give you the opportunity to lie down on hammock and read books or take a nap, comic book cafés that are filled with comic books all over the store, fortune cafés that you may find out about your future luck or relationship luck, etc; there are a lot of cafés that has specialized themes. If you like new and unique stuff, pay a visit to Korean novelty cafés. It is also recommended as dating course.

Unit 14

저는 한국어를
할 수 있어요.

I can speak Korean.

학습 목표
the aims of the
lesson

의무 말하기 Speaking about duty

- V-(으)ㄹ 수 있어요/없어요
  can V / can not V
- A/V-(으)ㄹ + 때 when
- V-아/어 /해야 해요(= 돼요) should V

생각해 보세요
Think about it

- Can you speak any foreign languages?
- What should be done to speak Korean well?

대화 **1** Dialogue 1

 Track 14-1

가 : 한국어를 할 수 있어요?

나 : 네, 저는 한국어를 할 **수 있어요**.

문법
Grammar

V-(으)ㄹ 수 있어요/없어요

It is used when expressing the ability or condition to perform an action. It is used after verb, if the last letter of the word stem is a consonant '-을 수 있어요/없어요' is used, otherwise if it's a vowel or the letter 'ㄹ', '-ㄹ 수 있어요/없어요' is used.

EX 지금 갈 수 있어요. (능력)
여기에서 음식을 먹을 수 없어요. (조건)

> TIP
> When responding to negative statement, both '-수 없어요' and '못' could be used.
> EX 피아노를 칠 수 없어요. / 피아노를 못 쳐요.

• 예문 Example
가 : 피아노를 칠 수 있어요?
나 : 네, 저는 피아노를 칠 수 있어요.

 Track 14-2

어휘
Vocabulary

□ 피아노 piano
□ 치다 to play
□ 중국어 [중구거] Chinese

□ 기타 guitar
□ 맵다 to be spicy

>> **연습** Practice

저는 케이크를 만들 수 있어요.

❶ 중국어를 하다 ▶ _____

❷ 매운 음식을 먹다 ▶ _____

❸ 기타를 치다 ▶ _____

저는 케이크를 만들 수 없어요.

❶ 중국어를 하다 ▶ _____

❷ 매운 음식을 먹다 ▶ _____

❸ 기타를 치다 ▶ _____

가 : 언제 한국어를 공부했어요?

나 : 대학교에 다닐 **때** 한국어를 공부했어요.

문법
Grammar

A/V-(으)ㄹ + 때

It is used when expressing the duration or moment for happening of some action or status. If the last letter of the word stem of adjective or verb is a consonant '–을 때' is used, otherwise if it is a vowel or the letter 'ㄹ', '–ㄹ 때' is used.

• 예문 Example

가 : 언제 기분이 좋아요?

나 : 친구와 이야기할 때 기분이 좋아요.

🎧 Track 14-4

어휘
Vocabulary

☐ 대학교 [대학꾜] university
☐ 대학교에 다니다 to go to a university

☐ 눈 snow
☐ 데이트 date

» **연습** Practice

공부할 때	음악을 들어요.	
❶ 안 바쁘다	영화를 보고 싶어요.	▶
❷ 눈이 오다	데이트를 할 거예요	▶
❸ 바지를 사다	신발도 사세요.	▶
❹ 나가다	문을 좀 닫아 주세요.	▶

🎧 Track 14-5

가 : 더 열심히 연습해야 해요.
　　　　　연스패야 해요
나 : 네, 열심히 노력할 거예요.

문법
Grammar

V-아/어/해야 해요(=돼요)

It is used when fulfillment of some action is compulsory or necessary. If the vowel of the word stem is 'ㅏ' or 'ㅗ' '-아야 해요' is used, in case of other vowels '-어야 해요' is used, for '-하다' '해야 해요' is used. You may exchange '해요' with '돼요'.
It occurs vowel reduction or elimination like '-아요/어요/해요'.

EX 연습해야 해요 = 연습해야 돼요
　　지금 가야 해요 = 지금 가야 돼요

• 예문 Example
가 : 내일 시험이 있어요?
나 : 네, 그래서 시험공부를 해야 해요.

🎧 Track 14-6

어휘
Vocabulary

☐ 노력하다 [노려카다] to effort
☐ 적다(적게) [적따(적께)] to be little

>> **연습** Practice

청소를 깨끗이 해야 해요.

❶ 회사에 일찍 오다　　　　　　　▶ _____

❷ 술을 적게 마시다　　　　　　　▶ _____

❸ 한국 노래를 많이 듣다　　　　　▶ _____

❹ 시험 준비를 열심히 하다　　　　▶ _____

강준 : 미나 씨, 인사하세요. 제 친구 제니예요.

미나 : 제니 씨, 안녕하세요? 처음 뵙겠습니다.

제니 : 안녕하세요? 와, 미나 씨는 한국어를 정말 잘하네요.

미나 : 고맙습니다.

강준 : 미나 씨가 처음 한국에 왔을 때는 한국어를 하나도 못했어요.
하지만 열심히 공부해서 지금은 한국어를 정말 잘해요.

미나 : 아니에요. 아주 조금 할 수 있어요.
앞으로 더 열심히 공부할 거예요.

제니 : 대단해요. 하지만 한국은 아름다운 곳이 많으니까 여행도 많이 해야 해요.

미나 : 네, 알겠어요. 좋은 곳이 있으면 소개해 주세요.

- □ 처음 뵙겠습니다 nice to meet you
- □ 잘하다 to be well
- □ 못하다 to can not
- □ 아주 very
- □ 하지만 but
- □ 대단하다 to be great
- □ 소개하다 to introduce

📁 운동 및 악기 Exercise and Music instrument

운동 Exercise

하다 do

- 축구 soccer
- 야구 baseball
- 농구 basketball
- 배구 volleyball
- 볼링 bowling
- 태권도 taekwondo
- 등산 climbing
- 수영 swimming
- 조깅 jogging
- 에어로빅 aerobics
- 요가 yoga

타다 take

- 스키 ski
- 스케이트 skate
- 스노보드 snowboard
- 스케이트보드 skateboard

치다 play

- 테니스 tennis
- 배드민턴 badminton
- 골프 golf
- 탁구 pingpong
- 당구 billiards

악기 Music Instrument

켜다 play

- 바이올린 violin
- 첼로 cello

불다 play

- 피리 pipe
- 하모니카 harmonica
- 클라리넷 clarinet
- 플루트 flute

치다 play

- 피아노 piano
- 기타 guitar
- 드럼 drum
- 북 drum

연습 Exercise

> **어휘** Vocabulary

가 다음 표를 완성하세요. Complete the table.

기본형 basic form	-아/어야 해요
(보기) 가다	가야 해요
알리다	
찾다	
숙제하다	
*쓰다	
*걷다	
*돕다	

나 빈칸에 들어갈 어휘를 〈보기〉에서 골라 쓰세요.
Choose the correct word from the example and fill in the blanks.

(보기)	연습하다	노력하다	잘하다	못하다	대단하다

1. 제 동생은 중국에서 2년 동안 살았어요. 그래서 중국어를 (   ).

2. 다음 주에 한국어 말하기 대회가 있어요. 그래서 저는 한국어를 매일 (   ).

3. 저는 노래를 (   ). 그래서 노래를 배우고 싶어요.

4. 열심히 (   ) 한국어를 잘할 수 있어요.

5. 제인 씨가 이번 시험에서 1등을 했어요. 정말 (   ).

연습 Exercise

듣기 Listening

가 대화를 잘 듣고 빈칸을 채워 보세요. Listen the following and fill the blanks. 🎧 Track 14-8

강준 : 미나 씨가 처음 한국에 _____ 한국어를 하나도 못했어요.
하지만 열심히 공부해서 지금은 한국어를 정말 잘해요.

미나 : 아니에요. 아주 _____.
앞으로 더 열심히 공부할 거예요.

나 다음을 듣고 질문에 알맞은 답을 골라 보세요. 🎧 Track 14-9
Listen carefully and choose the correct answer.

1. 미나 씨는 무슨 운동을 할 수 없어요? Which sports can not Mina do?

①  ②  ③

2. 남자는 비가 올 때 무엇을 해요? What does the man do when it rains?

①  ②  ③

읽기 Reading 🎧 Track 14-10

➕ **다음 문장을 읽어 보세요.** Read the following.

1. 저는 한국어를 할 수 있어요.

2. 친구와 이야기할 때 기분이 좋아요.

3. 매일 운동을 해야 해요.

4. 앞으로 더 열심히 공부할 거예요.

말하기 Speaking 🎧 Track 14-11

➕ **다음 문장을 듣고 대답해 보세요.** Listen the following and answer.

1. 네, _____

2. (음악을 듣다) _____

3. (9시까지 가다) ⇨ _____

연습 Exercise

가 다음 단어를 이용해서 문장을 만들어 보세요.
Make a sentence using following words.'

1. 저는, 수, 있어요, 칠, 피아노를 ⇨ _____.

2. 먹을, 기분이, 맛있는, 좋아요, 때, 음식을 ⇨ _____.

3. 많이, 읽어야, 책을, 해요 ⇨ _____.

나 여러분은 무엇을 할 수 있어요? 그리고 무엇을 할 수 없어요? 3가지를 써 보세요.
What can you do? And what can't you do? Write three things.

저는

SELF ASSESSMENT

🎬 EVALUATE YOUR ABILITY!

● I know _____ vocabularies learned today.   more than 10   9~6   less than 5

● I can use _____ among three expressions learned today.   3   2   1

● I can express "When I stay home, I can't study." in Korean.

전주
Jeonju

Korea's old style houses are called Hanok ('한옥'), there are a few places that are famous with villages filled with these houses in Korea. Bukcheon and Ikseon-dong in Seoul, Gongju in Chungcheongnam-do, Jeonju in Jeollabuk-do are representative Hanok villages.

Jeonju's Hanok Village has the traditional culture and nature in harmony to the extent that it has the slogan 'Slow City', where you can experience the slow life. There are quite a few places that you can feel the essence of Korean culture, such as Gyeonggi-jeon that reserves the portrait of Joseon's founder king, Catholic holy place Jeondong Catholic Cathedral, shooting place for Hallyu Korean movies and dramas Jeonjuhyanggyo Confucian School, etc. Also, it's possible to experience various traditional crafts like Hanji crafts, folding fan making, etc. Recently 'Hanbok Day' takes place where you can walk around Hanok villages and enjoy traditional performances while wearing Hanbok. Also, there is mural village, artist village and Nambu Traditional Market in Jeonju, it is possible to say that this city is like gem of touristic places in Korea which has everythingm, a lot of things to do, and a lot of food to try.

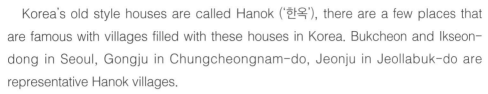

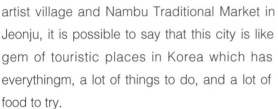

Unit 15

친구와 영화를 보기로 했어요.

I am planning to see a movie with my friend.

학습 목표
the aims of the lesson

약속 말하기 Speaking about appointment

- V–기 전에 before
- V–기로 했어요 be planning to V
- V–(으)ㄴ 후에 after

생각해 보세요
Think about it

- What kind of appointment do you have with your friend?
- What do you do before meeting your friend?

🎧 Track 15-1

> 가 : 중국에 돌아가기 전에 뭐 하고 싶어요?
>
> 나 : 영화나 연극을 보고 싶어요.

문법
Grammar

V-기 전에

It is used when the latter action is occurred before the previous one. It is used after verb.

• 예문 Example

가 : 자기 전에 보통 뭐 해요?

나 : 음악을 들어요.

🎧 Track 15-2

어휘
Vocabulary

☐ 돌아가다 to return
☐ 샤워하다 to shower
☐ 출근하다 to go to the office

☐ 화장하다 to makeup
☐ 준비 운동 warm up
☐ 끝나다 to finish

≫ **연습** Practice

밥을 먹기 전에 　손을 씻어요.

❶ 학교에 가다 　샤워를 하다 ▶ _____

❷ 출근을 하다 　화장을 하다 ▶ _____

❸ 수영을 하다 　준비 운동을 하다 ▶ _____

❹ 방학이 끝나다 　여행을 하다 ▶ _____

🎧 Track 15-3

> 가 : 그럼 주말에 연극을 보러 갈까요?
>
> 나 : 미안해요. 이번 주말에는 친구와 영화를 **보기로 했어요**.

문법
Grammar

V-기로 했어요

It is used when promising for some action. It is used after verb.

• 예문 Example
  가 : 크리스마스에 뭐 할 거예요?
  나 : 여자 친구와 데이트를 하기로 했어요.

🎧 Track 15-4

어휘
Vocabulary

□ 크리스마스 Christmas
□ 휴가 vacation
□ 지내다 to live

 TIP   ㅐ + ㅓ → ㅐ (지내+어요 → 지내요)

□ 불고기 bulgogi

>> **연습** Practice

여름 방학 때 제주도에 가기로 했어요.

❶ 다음 주부터 학원에 다니다   ▶ _____

❷ 휴가를 가족과 함께 지내다   ▶ _____

❸ 수요일 오후에 시험공부를 하다   ▶ _____

❹ 주말에 사라 집에서 불고기를 만들다 ▶ _____

🎧 Track 15-5

> 가 : 영화를 본 후에 뭐 하기로 했어요?
>
> 나 : 홍대에서 맥주를 마시기로 했어요.

문법
Grammar

V-(으)ㄴ 후에

It is used when the previous action is occurred before the latter action. It is used after verb, when the last letter of the word stem is '-은 후에' is used, otherwise '-ㄴ 후에' is used.

• 예문 Example

가 : 퇴근한 후에 보통 무엇을 해요?

나 : 운동을 해요.

🎧 Track 15-6

어휘
Vocabulary

☐ 맥주 beer
☐ 이 tooth
☐ 닦다 to clean
☐ 일어나다 [이러나다] to wake up
☐ 라디오 radio
☐ 퇴근하다 to get off

☐ 이사하다 to move
☐ 짐 load
☐ 정리하다 to arrange
☐ 졸업하다 [조러파다] to graduate
☐ 취직하다 [취지카다] to get a job

» 연습 Practice

식사한 후에	이를 닦아요.		
❶ 일어나다	라디오를 켜다	▶	_____
❷ 퇴근하다	친구를 만나다	▶	_____
❸ 이사하다	짐을 정리하다	▶	_____
❹ 졸업하다	한국 회사에 취직하다	▶	_____

강준 : 미나 씨, 언제 중국에 돌아가요?

미나 : 학교 시험이 끝난 후에 돌아갈 거예요.

강준 : 아쉽네요. 중국에 가기 전에 뭘 하고 싶어요?

미나 : 동물원이나 놀이공원에 가고 싶어요.

강준 : 그럼 이번 주말에 저와 놀이공원에 갈까요?

미나 : 미안해요. 이번 주말에는 학교 친구들과 부산에 가기로 했어요.
　　　놀이공원은 다음에 같이 가요.

강준 : 네, 그렇게 해요. 그런데 부산에서는 뭐 하기로 했어요?

미나 : 바다를 구경하고 시장에 가기로 했어요.

강준 : 부산은 바다와 시장이 아주 유명해요. 친구들과 즐거운 시간 보내세요.

어휘 및 표현

Vocabulary and Expression

☐ 놀이공원 amusement park
☐ 아쉽다 to be sorry
☐ 유명하다 to be famous
☐ 시간을 보내다 to spend time

확장 학습 Extensive Learning

📁 하루 일과 Daily routine

오전 Morning

`7:00 am`	☀️	일어나요 to wake up	`8:10 am`	🦷	이를 닦아요 to brush one's teeth
`7:10 am`	🚿	샤워해요 to shower	`8:20 am`	🏫	학교에 가요 to go to school
`7:30 am`	👕	옷을 입어요 to wear	`9:00 am`	🔍	학교에서 공부해요 to study
`7:40 am`	🥛	아침 식사를 해요 to have breakfast			

오후 Afternoon

`5:00 pm`	🚲	집에 돌아와요 to come back home	`8:00 pm`	🏋️	운동해요 to exercise
`5:10 pm`	☕	쉬어요 to rest	`9:00 pm`	🎧	음악을 들어요 to listen to music
`6:00 pm`	🍽️	저녁 식사를 해요 to have dinner	`11:00 pm`	🛏️	잠을 자요 to sleep
`7:00 pm`	💻	숙제해요 to do homework			

연습 Exercise

어휘 Vocabulary

가 다음 표를 완성하세요. Complete the table.

기본형 basic form	-기 전에	-(으)ㄴ 후에
보기 가다	가기 전에	간 후에
찾다		
주다		
씻다		
*듣다		
*놀다		
*돕다		

나 빈칸에 들어갈 어휘를 〈보기〉에서 골라 쓰세요.
Choose the correct word from the example and fill in the blanks.

> **보기** 출근하다　　화장을 하다　　준비 운동을 하다　　정리하다　　이사하다

1. 친구는 지난주에 새집으로 (　　　　　).

2. 수영하기 전에 꼭 (　　　　　).

3. 저는 매일 아침 책상 위를 (　　　　　).

4. 요즘 동생은 학교에 갈 때 (　　　　　).

5. 다음 주부터 새 회사에 (　　　　　)기로 했어요.

연습 Exercise

듣기 Listening

가 대화를 잘 듣고 빈칸을 채워 보세요. Listen the following and fill the blanks. 🎧 Track 15-8

> 강준 : 미나 씨, 언제 중국에 돌아가요?
>
> 미나 : 학교 시험이 _____ 돌아갈 거예요.
>
> 강준 : 아쉽네요. 중국에 _____ 뭘 하고 싶어요?
>
> 미나 : 동물원이나 놀이공원에 가고 싶어요.

나 다음을 듣고 질문에 알맞은 답을 골라 보세요. 🎧 Track 15-9
Listen carefully and choose the correct answer.

1. 제니 씨는 퇴근 후에 무엇을 할 거예요? What is Jenny going to do after work?

①   ②   ③

2. 남자는 아침을 먹은 후에 무엇을 해요? What does the man do after eating breakfast?

①  ②  ③

읽기 Reading 🎧 Track 15-10

➕ **다음 문장을 읽어 보세요.** Read the following.

1. 방학이 끝나기 전에 뭐 하고 싶어요?

2. 동물원이나 놀이공원에 가고 싶어요.

3. 퇴근 후에 뭐 하기로 했어요?

4. 영화나 연극을 보기로 했어요.

말하기 Speaking 🎧 Track 15-11

➕ **다음 문장을 듣고 대답해 보세요.** Listen the following and answer.

1. (제주도에 놀러 가다) ⇨ _____

2. (집에서 쉬다) ⇨ _____

3. (백화점에서 쇼핑하다) ⇨ _____

연습 Exercise

가 다음 단어를 이용해서 문장을 만들어 보세요.
Make a sentence using following words.

1. 씻어요, 전에, 손을, 밥을, 먹기   ⇨ _____ .

2. 닦아요, 이를, 후에, 먹은, 밥을   ⇨ _____ .

3. 친구들과, 공부하기로, 주말에, 도서관에서, 했어요 ⇨ _____ .

나 여러분의 일상을 써 보세요. Write your daily routine.

저는

SELF ASSESSMENT

😄 EVALUATE YOUR ABILITY!

● I know _____ vocabularies learned today. | more than 10 | 9~6 | less than 5 |

● I can use _____ among three expressions learned today. | 3 | 2 | 1 |

● I can express "After graduating, I am about to go china next year." in Korean.

서해 금빛 열차
West Gold Train

A special train has been initiated since 2015 in Korea. Instead of seats on normal trains, floor of this train is covered with heating cover. It is called '서해 금빛 열차' (West Gold Train). '온돌' is Korean characteristic heating system. If it makes a fire in the furnace, the heat inside the room, and the floor raises the temperature in the room. In the West Gold Train you can enjoy the trip in a room heated with Korean heating system, sitting on the heated floors with your family, friends or lover.

This train starts the trip from Seoul, moves to Asan – Yesan – Seocheon – Gunsan – Iksan; and you may get off at the station where there is a touristic place you may want to see like Asan Oncheon Hot Spring, Sudeoksa Temple, Namdanghang Port, Daecheon Beach, National Institute of Ecology, Gunsan Modern Culture Heritage Street, Jewelry Museum, etc. In this train, 'Foot Bath Café' is also prepared, so it would be a good experience to enjoy the scenery from the train with a warm cup of tea while having a foot bath.

Unit 16

네가 있어서 나도 참 즐거웠어.

I was so happy to be with you.

학습 목표
the aims of the
lesson

친근하게 말하기 Speaking friendly

- 반말의 평서문과 의문문
  declarative sentence and interrogative sentence
  of informal speech

- 반말의 청유문과 명령문
  suggesting sentence and imperative sentence
  of informal speech

- V–(으)ㄹ게 will + V

생각해 보세요
Think about it

- Do you have any expression
  used to friends in your country?
- How do you speak to your
  friends in Korea?

남산타워
Namsan Tower

🎧 Track 16-1

가 : 보통 주말에 뭐 **해**?

나 : 집에서 숙제를 **해**.

문법
Grammar

Informal Speech

It is expression that is used between close people like friends or family.

Declarative sentence and Interrogative sentence of informal speech

If '-요' is taken out from a speech that finishes with it, it becomes informal speech.

EX   먹어요 → 먹어   먹었어요 → 먹었어
        공부해요? → 공부해?   공부했어요? → 공부했어?

'-예요/이에요' is expressed as '-야/이야'.

EX   먹을 거예요 → 먹을 거야   책이에요 → 책이야
        누구예요? → 누구야?   한국이에요? → 한국이야?

'아니에요' is expressed as '아니야'.

EX   한국어 사전이 아니에요 → 한국어 사전이 아니야

🎧 Track 16-2

어휘
Vocabulary

☐ 약속 [약쏙] appointment

»» 연습 Practice

나는 보통 저녁에 산책을 해.

❶ 동생은 지금 텔레비전을 보다   ▶ ....

❷ 나는 내일 친구하고 약속이 있다   ▶ ....

❸ 사라는 주말에 아르바이트를 하다   ▶ ....

❹ 예원은 선생님이다   ▶ ....

🎧 Track 16-3

가: 주말에 우리 같이 명동에 **갈까**?

나: 사람이 너무 많으니까 **가지 말자**.

문법
Grammar

Request sentence of informal speech

For affirmative statements '-자' is attached to end of verb and adjective's word stem, in case of negative statements '-지 말자' is attached.

EX 먹다 → 먹자
먹지 말자

For '-(으)ㄹ까요?' expression, '-요' is subtracted and used in the form '-(으)ㄹ까?'.

EX 갈까요? → 갈까?

• 예문 Example
가 : 저녁에 집에서 된장찌개 먹을까?
나 : 귀찮으니까 오늘 저녁은 밖에서 먹자.

🎧 Track 16-4

어휘
Vocabulary

☐ 된장찌개 doenjang-jjigae
☐ 귀찮다 to be troublesome

☐ 춘천 chuncheon
☐ -(으)ㄴ 다음에 after

> TIP
> When calling someone's name with informal speech, when the last letter of the name is a consonant '-야' is attached to the end of the name, otherwise '-아' is attached.
> EX 미나야   강준아

• 예문 Example
가 : 동민아, 지금 뭐 해?
나 : 친구하고 영화 보고 있어.

 연습 Practice

같이 시험 공부를 하자.

❶ 춘천에 여행을 가다 ▶ _____

❷ 내일 같이 영화 보다 ▶ _____

❸ 밥을 먹은 다음에 커피를 마시다 ▶ _____

❹ 도서관에서 책을 빌리다 ▶ _____

🎧 Track 16-5

가 : 방학 때 일본에 꼭 놀러 와.

나 : 그래, 꼭 갈게.

문법
Grammar

Imperative sentence in informal speech

In affirmative statements, for the sentences ending with '-요', '-요' is subtracted. In case of negative statements '-지 마' is used.

EX 먹다 → 먹어
    먹지 마

In responding to imperative statements, positive response '어' or '응' is used, for negative response '아니' is used.

EX 네 → 어/응
    아니요 → 아니

V-(으)ㄹ게

It is used when the speaker promises for an action. It is used after verb, when the last letter of the word stem is a consonant '-을게' is used, otherwise if it's a vowel or the letter 'ㄹ' '-ㄹ게' is used. It is informal expression, in case of formal speech '-요' is attached at the end.

• 예문 Example
  가 : 커피를 너무 많이 마시지 마.
  나 : 알았어. 조금만 마실게.

🎧 Track 16-6

어휘
Vocabulary

☐꼭 surely   ☐인터넷 internet
☐이메일 e-mail   ☐예약하다 to reserve
☐보내다 to send   ☐놀러 가다 to go on an excursion

> **TIP** ㅐ + ㅓ → ㅐ (보내+어요 → 보내요)

➤➤ **연습** Practice

이메일을 보낼게.

❶ 내일 학교에 일찍 가다   ▶ _____

❷ 책을 빌려 주다   ▶ _____

❸ 인터넷으로 기차표를 예약하다   ▶ _____

❹ 시간이 있을 때 놀러 가다   ▶ _____

강준: 내일 중국으로 돌아가는 거야?

미나: 응. 시간이 정말 빠르다.
네가 많이 도와줘서 한국 생활을 잘할 수 있었어.

강준: 아니야. 네가 있어서 나도 참 즐거웠어.

미나: 그렇게 말해 줘서 고마워.

강준: 내일 공항에 같이 갈까?

미나: 아니야. 혼자 갈게.

강준: 알았어. 그럼 중국에 도착하면 연락해.

미나: 그래. 이메일 보낼게.

□벌써 already
□한국 생활 life in Korean
□공항 airport
□혼자 alone

☺ **SNS 줄임 표현** Abbreviation expressions of SNS

Followings are the expressions that can be used with people with close relationship. They are expressions that use Hangeul's vowel and consonants.

ㅎㅎ	Smiling sound. Reduced version of laughing mouth open, '하하'	ㅋㅋ	Smiling sound. Reduced version of laughing lightly when one cannot hold it in, '킥킥'
ㅅㅅ	Smiling face. Shape of smile in one's eyes.	ㅠㅠ, ㅜㅜ	Crying face. Shape of tears falling.
ㄱㅅㄱㅅ	Thanking expression. Repetition of first syllable of '감사'	ㅇㅋ	Positive answer. First syllable of Korean expression '오케이' meaning 'OK'.
ㅇㅇ	Positive answer. Repetition of first syllable in '응', informal affirmative expression.	ㄴㄴ	Negative answer. Repetition of first syllable in '노' meaning 'No'.

연습 Exercise

어휘 Vocabulary

가 다음 표를 완성하세요. Complete the table.

기본형 basic form	았/었/했어	-아/어/해	-(으)ㄹ게
보기 가다	갔어	가	갈게
먹다			
자다			
웃다			
*듣다			
*덥다			–
*크다			–

나 빈칸에 들어갈 어휘를 〈보기〉에서 골라 쓰세요.
Choose the correct word from the example and fill in the blanks.

보기	벌써	보통	꼭	너무	혼자

1. 우리 집은 (　　　　　) 6시에 저녁을 먹어.

2. (　　　　　) 일요일이야. 시간이 정말 빠르다.

3. (　　　　　) 추워서 장갑을 꼈어.

4. 요즘 나는 (　　　　　) 영화를 보러 가.

5. 내일은 (　　　　　) 8시까지 학교에 와야 해.

연습 Exercise

듣기 Listening

가 대화를 잘 듣고 빈칸을 채워 보세요. Listen the following and fill the blanks. 🎧 Track 16-8

> 강준 : 내일 공항에 _____?
>
> 미나 : 아니야. 혼자 갈게.
>
> 강준 : 알았어. 그럼 중국에 도착하면 연락해.
>
> 미나 : 그래. 이메일 _____.

나 다음을 듣고 질문에 알맞은 답을 골라 보세요. 🎧 Track 16-9
Listen carefully and choose the correct answer.

1. 두 사람은 무엇에 대해 이야기하고 있어요? What are two people talking about?

① 약속 시간   ② 데이트 장소   ③ 저녁 메뉴

2. 여자는 한국에서 무엇을 했어요? What did the woman study?

① 한국어 공부   ② 일   ③ 여행

읽기 Reading   🎧 Track 16-10

➕ **다음 문장을 읽어 보세요.** Read the following.

1. 보통 주말에 뭐 해?

2. 나는 보통 집에서 텔레비전을 봐.

3. 오늘 저녁은 집에서 먹자.

4. 저녁에 전화할게.

말하기 Speaking   🎧 Track 16-11

➕ **다음 문장을 듣고 대답해 보세요.** Listen the following and answer.

1. (책을 읽다)   ⇨ _____

2. (아니다 / 쇼핑하다) ⇨ _____

3. (알겠다)   ⇨ _____

쓰기 Writing

가 다음 단어를 이용해서 문장을 만들어 보세요.

Make a sentence using following words.

1. 도서관에서, 나는, 읽었어, 책을 ⇨ _____.

2. 가자, 백화점에, 같이, 미나야 ⇨ _____.

3. 늦지, 시간에, 약속, 내일은, 마 ⇨ _____.

나 다음 내용을 반말로 바꾸어 써 보세요.

Change the following content into an informal speech.

1. 사라 씨, 안녕하세요? ⇨ 사라야, 안녕?

2. 저 미나예요. ⇨ _____

3. 잘 지냈어요? ⇨ _____

4. 저는 잘 지내고 있어요. ⇨ _____

5. 다음 주에 제가 서울에 갈 거예요. ⇨ _____

6. 그때 시간이 있으면 같이 점심 먹을까요? ⇨ _____

SELF ASSESSMENT

📽️ EVALUATE YOUR ABILITY!

- I know [   ] vocabularies learned today. | more than 10 | 9~6 | less than 5 |
- I can use [   ] among three expressions learned today. | 3 | 2 | 1 |
- I can express "Let's stroll tonight." in Korean(informal speech).

[_____]

한국 문화 Korean Culture

한국의 겨울 축제
Korea's Winter Festivals

Did you know that Korea has four seasons: spring, summer, autumn, winter? In Korea there are a lot of festivals according to the specialty of season, among those winter festival held with snow is probably the most fantastic one.

As representative winter festivals in Korea ice fishing festival, light festival, etc. can be selected. For ice fishing festival Trout Festival held in Pyeongchang and JaraSum Festival held in Gapyeong are famous. At the festival, you can try various activities like trout fishing, barehand trout catching, sled experience, etc.

For light festival Boseong Tea Field Light Festival and Gapyeong Lighting Festival at The Garden of Morning Calm are available. At these festivals you can enjoy beautifully assorted dimensional artworks like light gardens, light trails, Milky Way Tunnel, etc., and you may enjoy performances made with light beams like Fire Fantasy and Garden Fantasy.

Lastly, for snowflake festivals Cheongyang's 'Chilgapsan Ice Fountain Festival' and Taebek's 'Taebek Mountain Snow Festival' are available. At the snowflake festivals you can take a look at various snow sculptures, and experience snow slides, sledge parks, igloo cafés, etc in person. If you get to visit Korea in winter, you might want to visit winter festivals, right?

Unit 13 물건 고르기 Choosing things

● A-(으)ㄴ+N A + N

Adjective			
ending in a consonant		ending in a vowel	
A	A-은	A	A-ㄴ
높다	높은	크다	큰
작다	작은	시다	신

EX 우리 집에는 작은 강아지가 있어요.
저는 신 과일을 좋아해요.

● N1(이)나 N2 N1 or N2

Noun			
ending in a consonant		ending in a vowel	
N	N이나	N	N나
빵	빵이나	구두	구두나
부산	부산이나	비	비나

EX 여름에 부산이나 제주도에 갈까요?
비나 눈이 왔으면 좋겠어요.

● V-아/어/해 주세요, V-아/어/해 드릴게요 please V, I will V

Verb					
ㅏ, ㅗ		ㅏ, ㅗ (×)		-하다	
V	V-아 주세요/ -아 드릴게요	V	V-어 주세요/ -어 드릴게요	V	V-해 주세요/ -해 드릴게요
보다	봐 주세요/ 봐 드릴게요	읽다	읽어 주세요/ 읽어 드릴게요	말하다	말해 주세요/ 말해 드릴게요

EX 다른 색으로 보여 주세요.
다시 말해 드릴게요.

☺ Expression

◆ 가: 뭘 사고 싶어요?   나: 예쁜 가방을 사고 싶어요.
◆ 가: 가방 좀 보여 주세요.   나: 네, 보여 드릴게요.
◆ 가: 무슨 색 가방을 보여 드릴까요? 나: 파란색이나 흰색 가방을 보여 주세요.

Unit **14** 의무 말하기 Speaking about duty

● V–(으)ㄹ 수 있어요/없어요 can V / can not V

Verb			
ending in a consonant		ending in a vowel, ㄹ	
V	V–을 수 있다/없다	V	V–ㄹ 수 있다/없다
먹다	먹을 수 있어요	타다	탈 수 있어요
입다	입을 수 없어요	보내다	보낼 수 없어요

EX 저는 자전거를 탈 수 있어요.
날씨가 너무 추워서 치마를 입을 수 없어요.

● A/V–(으)ㄹ 때 when

Adjective · Verb			
ending in a consonant		ending in a vowel, ㄹ	
A/V	A/V–을 때	A/V	A/V–ㄹ 때
읽다	읽을 때	기다리다	기다릴 때
찍다	찍을 때	배우다	배울 때

EX 저는 책을 읽을 때 음악을 들어요.
한국어를 배울 때 한국 드라마도 많이 보세요.

● V–아/어/해야 해요(=돼요) should V

Verb					
ㅏ, ㅗ		ㅏ, ㅗ (×)		–하다	
V	V–아야 해요	V	V–어야 해요	V	V–해야 해요
가다	가야 해요	먹다	먹어야 해요	공부하다	공부해야 해요
놓다	놓아야 해요	걸다	걸어야 해요	초대하다	초대해야 해요

EX 저는 내일 학교에 일찍 가야 해요.
친구에게 전화를 걸어야 해요.
다음 주에 시험이 있으니까 열심히 공부해야 해요.

😊 Expression

◆ 가: 한국어를 할 수 있어요?　　　　나: 네, 저는 한국어를 할 수 있어요.
◆ 가: 언제 한국어를 공부했어요?　　나: 대학교에 다닐 때 한국어를 공부했어요.
◆ 가: 더 열심히 연습해야 해요.　　　나: 네, 열심히 노력할 거예요.

Unit 15 계획 말하기 Speaking about plan

● V-기 전에 before

Verb	
V	V-기 전에
먹다	먹기 전에
자다	자기 전에

EX 밥을 먹기 전에 손을 씻어야 해요.
저는 자기 전에 숙제를 했어요.

● V-기로 했어요 be planning to V

Verb	
V	V-기로 했어요
찍다	찍기로 했어요
만나다	만나기로 했어요

EX 친구와 바다 사진을 찍기로 했어요.
내일 언니와 서점에서 만나기로 했어요.

● V-(으)ㄴ 후에 after

Verb			
ending in a consonant		ending in a vowel	
V	V-은 후에	V	V-ㄴ 후에
읽다	읽은 후에	타다	탄 후에
웃다	웃은 후에	운동하다	운동한 후에

EX 책을 읽은 후에 게임을 했어요.
운동한 후에 샤워를 했어요.

😊 **Expression**

◆ 가: 중국에 돌아가기 전에 뭐 하고 싶어요?
　 나: 영화나 연극을 보고 싶어요.
◆ 가: 그럼 주말에 연극을 보러 갈까요?
　 나: 미안해요. 이번 주말에는 친구와 영화를 보기로 했어요.
◆ 가: 영화를 본 후에 뭐 하기로 했어요?
　 나: 홍대에서 맥주를 마시기로 했어요.

242

Unit **16** 친근하게 말하기 Speaking friendly

● 반말의 평서문과 의문문 declarative sentence and interrogative sentence of informal speech

반말			
평서문		의문문	
가요	가	자요?	자?
공부했어요	공부했어	입었어요?	입었어?
먹을 거예요	먹을 거야	읽을 거예요?	읽을 거야?
책이에요	책이야	한국 사람이에요?	한국 사람이야?
물이 아니에요	물이 아니야	바지가 아니에요?	바지가 아니야?

EX 이건 제니의 책이야.
　　선생님은 한국 사람이야?

● 반말의 청유문과 명령문 suggesting sentence and imperative sentence of informal speech

반말			
청유문		명령문	
먹어요	먹자	마셔요	마셔
기다리지 말아요	기다리지 말자	빌리지 마요	빌리지 마
갈까요?	갈까?		

EX 우리 오늘 피자를 먹자.
　　시간이 없으니까 책을 빌리지 마.

● V-(으)ㄹ게 will + V

Verb			
ending in a consonant		ending in a vowel, ㄹ	
V	V-을게	V	V-ㄹ게
먹다	먹을게	연락하다	연락할게
입다	입을게	보내다	보낼게

EX 조금만 먹을게.
　　도착하면 연락할게.

☺ Expression

◆ 가: 보통 주말에 뭐 해?　　　　　　　　나: 집에서 숙제를 해.

◆ 가: 주말에 우리 같이 명동에 갈까?　　　나: 사람이 너무 많으니까 가지 말자.

◆ 가: 방학 때 일본에 꼭 놀러 와.　　　　　나: 그래, 꼭 갈게.

Answer & Script & Index

주문진
Kangwondo Jumunjin

Answer & Script

Introduction

(1) 모음 1
● Practice 2
1) ㉡ 2) ㉠ 3) ㉠

(2) 자음 1
● Practice 2
1) ㉠ 2) ㉠ 3) ㉡ 4) ㉡ 5) ㉠

(3) 모음 2
● Practice 2
1) ㉡ 2) ㉡ 3) ㉠

(4) 모음 3
● Practice 2
1) ㉡ 2) ㉠ 3) ㉡

(5) 자음 2
● Practice 2
1) ㉠ 2) ㉡ 3) ㉡ 4) ㉠

(6) 자음 3
● Practice 2
1) ㉡ 2) ㉠ 3) ㉡ 4) ㉡ 5) ㉠

(7) 받침
● Practice 2
1) ㉠ 2) ㉠ 3) ㉡ 4) ㉠ 5) ㉡

● Practice 3
1) 오이 2) 주스 3) 의자
4) 돈 5) 물 6) 강

Unit 1

가

가수예요
약사예요
경찰이에요
한국 사람이에요
베트남 사람이에요
영국 사람이에요

나

1. 이름
2. 태국
3. 반갑습니다
4. 어느
5. 저도

듣기 Listening

가 이름, 어느 나라

> **script**
> 강준 : 안녕하세요? 저는 강준이에요. 이름이
>   뭐예요?
> 미나 : 저는 미나예요. 강준 씨는 어느 나라 사
>   람이에요?
> 강준 : 저는 한국 사람이에요. 미나 씨는요?
> 미나 : 저는 중국 사람이에요.

나 1. ② 2. ①

> **script**
> 1.
> A : 회사원이에요?
> B : 아니요, 회사원이 아니에요. 학생이에요.
> 2.
> A : 만나서 반갑습니다.
> B : 저도 만나서 반갑습니다.

246

말하기 Speaking

1. A: 이름이 뭐예요?
   B: (제 이름은) ○○○이에요/예요.
2. A: 어느 나라 사람이에요?
   B: (저는) ○○ 사람이에요.
3. A: 학생이에요?
   B: (저는) ○○○이에요/예요.

쓰기 Writing

가

1. 어느 나라 사람이에요?
2. 저는 중국 사람이에요.
3. 저는 미국 사람이 아니에요.

Unit 2

어휘 Vocabulary

가

그게 / 저게
그분 / 저분
그 사람 / 저 사람
그 물건 / 저 물건
그 음식 / 저 음식
그 노래 / 저 노래

나

1. 뭐
2. 누구
3. 제
4. 없어요
5. 누구의

듣기 Listening

가 가족사진, 어머니

script

강준 : 미나 씨, 이게 뭐예요?
미나 : 저희 가족사진이에요.
강준 : 이분은 누구예요?
미나 : 제 어머니예요.

나 1. ③ 2. ②

script

1.
A : 이게 뭐예요?
B : 인형이에요.
2.
A : 누구의 옷이에요?
B : 아빠의 옷이에요.

말하기 Speaking

1. A : 그게 뭐예요?
   B : 영어 사전이에요.
2. A : 누구의 지갑이에요?
   B : 친구의 지갑이에요.
3. A : 자동차가 있어요?
   B : 아니요, 자동차가 없어요.

쓰기 Writing

가

1. 이것은 친구의 카메라예요.
2. 한국어 책이나 영어 책이 있어요?
3. 저는 여권이 없어요.

Unit 3

어휘 Vocabulary

가

앞, 뒤, 왼쪽, 오른쪽, 위, 아래, 사이

Answer & Script

나

1. 어떻게
2. 쭉
3. 쯤
4. 근처
5. 그리고

듣기 Listening

가 근처, 쭉

script

미나 : 서점이 어디에 있어요?
강준 : 지하철역 근처에 있어요.
미나 : 저는 지하철역을 몰라요. 여기에서 어떻게 가요?
강준 : 앞으로 100미터쯤 쭉 가세요. 그리고 왼쪽으로 가세요.

나 1. ② 2. ①

script

1.
A : 미용실이 어디에 있어요?
B : 앞으로 쭉 가세요. 그리고 오른쪽으로 가세요. 미용실은 은행 옆에 있어요.
2.
A : 편의점이 어디에 있어요?
B : 앞으로 곧장 가세요. 그리고 왼쪽으로 가세요. 편의점은 도서관과 병원 사이에 있어요.

말하기 Speaking

1. A : 이 근처에 서점이 있어요?
   B : 네, 서점이 있어요.
2. A : 영화관이 어디에 있어요?
   B : (영화관은) 백화점 안에 있어요.
3. A : 학교에 어떻게 가요?
   B : 여기에서 오른쪽으로 (쭉) 가세요.

쓰기 Writing

가

1. 근처에 서점이 있어요?
2. 영화관과 은행 사이에 있어요. (= 은행과 영화관 사이에 있어요.)
3. 여기에서 앞으로 쭉 가세요.

Unit 4

어휘 Vocabulary

가

두 사람 / 두 마리 / 두 개 / 두 잔 / 두 장
세 사람 / 세 마리 / 세 개 / 세 잔 / 세 장
네 사람 / 네 마리 / 네 개 / 네 잔 / 네 장
다섯 사람 / 다섯 마리 / 다섯 개 / 다섯 잔 / 다섯 장
여섯 사람 / 여섯 마리 / 여섯 개 / 여섯 잔 / 여섯 장
일곱 사람 / 일곱 마리 / 일곱 개 / 일곱 잔 / 일곱 장
여덟 사람 / 여덟 마리 / 여덟 개 / 여덟 잔 / 여덟 장
아홉 사람 / 아홉 마리 / 아홉 개 / 아홉 잔 / 아홉 장

나

1. 얼마
2. 원
3. 무슨
4. 하고
5. 개

듣기 Listening

가 하고, 27,000원

script

미나 : 무슨 케이크가 있어요?
점원 : 초콜릿 케이크하고 녹차 케이크가 있어요.
미나 : 초콜릿 케이크는 얼마예요?
점원 : 27,000원이에요.

나 1. ① 2. ③

script
1.
A : 아메리카노 한 잔하고 초콜릿 케이크 한 조
　　각 주세요.
B : 네, 여기 있어요.
2.
A : 얼마예요?
B : 57,000원이에요.

나
1. 어디
2. 학원
3. 만나요
4. 목요일
5. 오늘

말하기 Speaking

1. A : 무슨 과일이 있어요?
　 B : 사과하고 딸기가 있어요.
2. A : 사과는 얼마예요?
　 B : 천 원이에요.
3. A : 사과 세 개 주세요.
　 B : 네, 여기 있어요.

듣기 Listening

가 약속, 커피숍

script
미나 : 강준 씨, 내일 뭐 해요?
강준 : 내일 약속이 있어요. 친구를 만나요.
미나 : 어디에서 만나요?
강준 : 회사 근처 커피숍에서 만나요.

쓰기 Writing

1. 무슨 커피가 있어요?
2. 오빠하고 여동생이 있어요.
3. 이 케이크는 얼마예요?

나 1. ② 2. ③

script
1.
A : 오늘이 무슨 요일이에요?
B : 일요일이에요.
2.
A : 토요일에 뭐 해요?
B : 집에서 청소해요.

Unit 5

어휘 Vocabulary

가
와요
먹어요
읽어요
공부해요
일해요
쇼핑해요

말하기 Speaking

1. A: 오늘은 무슨 요일이에요?
　 B: (오늘은) 토요일이에요.
2. A: 수요일에 뭐 해요?
　 B: (수요일에) 일해요.
3. A: 어디에서 친구를 만나요?
　 B: 미술관에서 친구를 만나요.

쓰기 Writing

1. 금요일에 뭐 해요?
2. 오늘이 무슨 요일이에요?

Answer & Script

3. 체육관에서 운동을 해요.

Unit 6

어휘 Vocabulary

가

왔어요
먹었어요
읽었어요
공부했어요
일했어요
들었어요

나

1. 몇
2. 반
3. 며칠
4. 어제
5. 그런데

듣기 Listening

가 갔어요, 십일월 십사일(11월 14일)

> **script**
> 미나 : 강준 씨, 어제 뭐 했어요?
> 강준 : 친구 생일 파티에 갔어요.
> 미나 : 참! 오늘이 며칠이에요?
> 강준 : 11월 14일이에요.

나 1. ③ 2. ②

> **script**
> 1.
> A : 생일 파티가 몇 시예요?
> B : 저녁 6시 반이에요.
> 2.
> A : 오늘이 며칠이에요?
> B : 10월 6일이에요.

말하기 Speaking

1. A: 지금이 몇 시예요?
   B: (지금은) 아홉 시 이십 분이에요.
2. A: 오늘이 며칠이에요?
   B: (오늘은) 삼월 이십일일이에요.
3. A: 어제 뭐 했어요?
   B: (어제) 회사에서 일했어요.

쓰기 Writing

가

1. 내일은 11월 25일이에요.
2. 지금은 7시 10분이에요.
3. 어제 영화관에서 영화를 봤어요.

Unit 7

어휘 Vocabulary

가

많아요
비싸요
높아요
맛있어요
예뻐요
슬퍼요

나

1. 고
2. 마음에 들어요
3. 어때요
4. 커요
5. 물론이에요

듣기 Listening

가 어때요, 마음에 들어

script

미나 : 강준 씨, 이 가방 어때요?
　　　　어제 새로 샀어요.
강준 : 와, 정말 예쁘네요.
미나 : 고마워요. 저도 아주 마음에 들어요.

 1. ① 2. ③

script

1.
A : 비빔밥이 어때요?
B : 아주 맛있어요.
2.
A : 옷이 어때요?
B : 크고 길어요.

말하기 Speaking

1. A: 이 음식이 어때요?
　　B: 맛있어요.
2. A: 정말 예뻐요.
　　B: 고마워요.
3. A: 소설이 어때요?
　　B: 짧고 재미있어요.

쓰기 Writing

1. 케이크가 어때요?
2. 커피가 싸고 맛있어요.
3. 책이 짧고 재미있어요.

Unit 8

어휘 Vocabulary

더워요

어려워요
쉬워요
가벼워요
무거워요
귀여워요

나

1. 매워요
2. 보다
3. 시원해요
4. 지만
5. 좁아요

듣기 Listening

가 피곤했지만, 더 더워요

script

미나 : 강준 씨, 제주도 여행은 어땠어요?
강준 : 조금 피곤했지만 아주 즐거웠어요.
미나 : 제주도는 어때요? 제주도는 시원해요?
강준 : 아니요. 제주도가 서울보다 더 더워요.

나 1. ③ 2. ②

script

1.
오빠는 키가 크지만 저는 키가 작아요.
2.
A : 부산이 제주도보다 더 멀어요?
B : 아니요, 제주도가 부산보다 더 멀어요.

말하기 Speaking

1. A: 이 인형이 어때요?
　　B: 귀여워요.
2. A: 그 소설은 어때요?
　　B: 길지만 재미있어요.
3. A: 닭갈비가 불고기보다 더 맛있어요?
　　B: 아니요, 불고기가 닭갈비보다 더 맛있어요.

Answer & Script

쓰기 Writing

가

1. 학교생활은 힘들지만 재미있어요.
2. 커피는 뜨겁지만 아이스크림은 차가워요.
3. 여름보다 겨울이 더 추워요.
   (= 겨울이 여름보다 더 추워요.)

Unit 9

어휘 Vocabulary

가

안 먹어요 / 먹지 않아요
안 들어요 / 듣지 않아요
안 더워요 / 덥지 않아요
안 예뻐요 / 예쁘지 않아요
일 안 해요 / 일하지 않아요
쇼핑 안 해요 / 쇼핑하지 않아요

나

1. 시험
2. 안
3. 아름다워요
4. 가격
5. 다행이에요

듣기 Listening

가 한국어 공부를 하고 있어요, 안 어려워요

> **script**
> 강준 : 무슨 공부를 하고 있어요?
> 미나 : 한국어 공부를 하고 있어요. 내일 시험이
>   있어요.
> 강준 : 한국어 공부가 어때요? 어렵지 않아요?
> 미나 : 안 어려워요. 아주 재미있어요.

나 1. ③ 2. ②

> **script**
> 1.
> A : 민수 씨, 지금 공부하고 있어요?
> B : 아니요, 책을 읽고 있어요. 미나 씨는요?
> A : 저는 컴퓨터 게임을 하고 있어요.
> 2.
> 저는 어제 바지를 샀어요. 그 바지는 안 길어요.
> 그리고 짧지 않아요. 바지가 아주 마음에 들어
> 요.

말하기 Speaking

1. A : 지금 뭐 하고 있어요?
   B : 음악을 듣고 있어요.
2. A : 어제 친구를 만났어요?
   B : 아니요, 친구를 안 만났어요. /
      친구를 만나지 않았어요.
3. A : 시험이 어려워요?
   B : 아니요, 안 어려웠어요. / 어렵지 않았어요.

쓰기 Writing

가

1. 지금 뭐 하고 있어요?
2. 집에서 회사까지 안 멀어요.
3. 어제 학교에 가지 않았어요.

Unit 10

어휘 Vocabulary

가

먹을까요?
만날까요?
입을까요?
공부할까요?
들을까요?
놀까요?

나

1. 콘서트
2. 드라마
3. 그만할
4. 연습해요
5. 사귀

듣기 Listening

가 이번 주말에 시간이 있으면, 구경하고 싶어요

script

강준 : 미나 씨, 이번 주말에 시간이 있으면 같이 홍대에 갈까요?

미나 : 네, 좋아요. 같이 가요.

강준 : 홍대에서 뭐 하고 싶어요?

미나 : 플리마켓을 구경하고 싶어요.

나 1. ③ 2. ②

script

1.

A : 시간이 있으면 우리 같이 영화를 볼까요?

B : 네, 좋아요. 액션 영화나 공포 영화를 볼까요?

A : 저는 코미디 영화를 보고 싶어요.

2.

저는 요리를 잘하고 싶어요. 그래서 방학 때 요리 학원에 다니고 싶어요. 요리를 배우는 것이 어려울까요?

말하기 Speaking

1. A : 시간이 있으면 보통 뭐 해요?

   B : 책을 읽어요.

2. A : 주말에 뭐 하고 싶어요?

   B : 집에서 쉬고 싶어요.

3. A : 같이 저녁 먹을까요?

   B : 네, 같이 저녁 먹어요.

쓰기 Writing

가

1. 친구를 만나면 보통 뭐 해요?
2. 방학 때 뭐 하고 싶어요?
3. 주말에 같이 불고기를 먹을까요?

Unit 11

어휘 Vocabulary

가

읽어서

일해서

멋있어서

써서

들어서

추워서

말라서

나

1. 막혀요
2. 말라요
3. 없어요
4. 피곤해요
5. 똑똑해요

듣기 Listening

가 길이 막혀서, 시간이 없어서

script

미나 : 강준 씨, 왜 이렇게 늦었어요?

강준 : 미안해요. 길이 막혀서 늦었어요.

미나 : 점심은 먹었어요?

강준 : 시간이 없어서 못 먹었어요.

나 1. ② 2. ①

Answer & Script

script

1.
A : 아, 미안해요.
B : 미나 씨, 왜 이렇게 늦었어요? 길이 많이 막혔어요?
A : 아니요, 늦게 일어나서 늦었어요.
2.
저는 운동을 좋아해요. 시간이 있으면 친구들과 농구를 해요. 가끔씩 테니스도 쳐요. 하지만 수영은 하지 못해요. 물을 좋아하지 않아서요.

말하기 Speaking

1. A : 왜 늦었어요?
   B : 길이 막혀서 늦었어요.
2. A : 일본어를 할 수 있어요?
   B : 아니요, 일본어를 못해요. / 일본어를 할 수 없어요.
3. A : 내일 같이 점심을 먹을까요?
   B : 미안해요. 내일 시험이 있어서 같이 점심을 못 먹어요. / 같이 점심을 먹지 못해요.

쓰기 Writing

가

1. 길이 막혀서 지하철을 탔어요.
2. 제 동생은 기타를 못 쳐요.
3. 밖이 시끄러워서 잠을 못 잤어요.

Unit 12

어휘 Vocabulary

가

먹을 거예요
올 거예요
연습할 거예요
일할 거예요
들을 거예요

놀 거예요

나

1. 닫으세요
2. 편해요
3. 떠들지
4. 운전해요
5. 걸리

듣기 Listening

가 어떻게 갈 거예요, 시간이 너무 많이 걸리니까

script

미나 : 저는 친구하고 부산에 갈 거예요.
강준 : 부산까지 어떻게 갈 거예요?
미나 : 버스를 타고 갈 거예요.
강준 : 버스는 시간이 너무 많이 걸리니까 타지 마세요.

나 1. ③ 2. ①

script

1.
A : 여기에서 음식을 먹지 마세요.
B : 아, 죄송합니다.
A : 음식은 휴게실에서 먹을 수 있습니다.
2.
저는 이번 여름 휴가 때 제주도에 갈 거예요. 제주도는 한라산이 유명하니까 한라산을 갈 거예요. 아침 일찍 한라산에 올라가서 아름다운 경치를 구경할 거예요.

말하기 Speaking

1. A : 주말에 뭐 할 거예요?
   B : 책을 읽을 거예요.
2. A : 부산까지 버스를 탈까요?
   B : 시간이 많이 걸리니까 기차를 타요.
3. A : 문을 닫을까요?
   B : 아니요, 닫지 마세요.

쓰기 Writing

가

1. 주말에 뭐 할 거예요?
2. 시간이 없으니까 택시를 타세요.
3. 여기에서 음식을 먹지 마세요.

Unit 13

어휘 Vocabulary

가

찍어 주세요 / 찍어 드릴게요
알려 주세요 / 알려 드릴게요
만들어 주세요 / 만들어 드릴게요
써 주세요 / 써 드릴게요
들어 주세요 / 들어 드릴게요
도와주세요 / 도와드릴게요

나

1. 까만
2. 조용해요
3. 줄여
4. 빌려
5. 옮겼어요

듣기 Listening

가 디자인은 예쁘지만, 검은색이나 회색

script
점원 : 이거 어때요?
미나 : 음, 디자인은 예쁘지만 색이 마음에 안
　　　들어요. 다른 색도 있어요?
점원 : 네, 있어요. 무슨 색으로 보여 드릴까요?
미나 : 검은색이나 회색으로 보여 주세요.

나 1. ② 2. ③

script

1.
A : 어서 오세요. 무엇을 찾으세요?
B : 지갑을 사고 싶어요.
A : 이 검은색 지갑 어떠세요?
B : 디자인은 예쁜데 색이 마음에 안 들어요.
A : 그럼 이 빨간색 지갑이나 노란색 지갑은 어
　　떠세요?
B : 아, 빨간색이 마음에 들어요. 그걸로 주세요.
2.
내일이 미나 씨 생일이에요. 저는 미나 씨 생일
선물을 사고 싶어서 백화점에 갔어요. 예쁜 시
계는 너무 비쌌어요. 귀여운 인형은 너무 컸어
요. 그래서 저는 파란 스카프를 샀어요. 파란 스
카프가 미나 씨 마음에 들까요?

말하기 Speaking

1. A : 무엇을 먹고 싶어요?
　 B : 매운 음식을 먹고 싶어요.
2. A : 제가 도와드릴까요?
　 B : 네, 도와주세요.
3. A : 사진 좀 찍어 주세요.
　 B : 네, 찍어 드릴게요.

쓰기 Writing

가

1. 멋있는 티셔츠를 사고 싶어요.
2. 다른 색으로 보여 주세요.
3. 맛있는 음식을 만들어 드릴게요.

Unit 14

어휘 Vocabulary

가
알려야 해요
찾아야 해요
숙제해야 해요

Answer & Script

써야 해요
걸어야 해요
도와야 해요

1. 잘해요
2. 연습해요
3. 못해요
4. 노력하면
5. 대단해요

가 왔을 때는, 조금 할 수 있어요

> **script**
> 강준 : 미나 씨가 처음 한국에 왔을 때는 한국어
> 를 하나도 못했어요. 하지만 열심히 공부
> 해서 지금은 한국어를 정말 잘해요.
> 미나 : 아니에요. 아주 조금 할 수 있어요.
> 앞으로 더 열심히 공부할 거예요.

나 1. ② 2. ③

> **script**
> 1.
> A : 미나 씨는 무슨 운동을 할 수 있어요?
> B : 저는 수영과 태권도를 할 수 있어요.
> A : 테니스도 칠 수 있어요?
> B : 아니요, 테니스는 못 쳐요. 하지만 배드민턴
> 은 칠 수 있어요.
> 2.
> 저는 보통 주말에 집에 있어요. 날씨가 좋을 때
> 청소를 해요. 비가 올 때 슬픈 영화를 봐요. 그
> 리고 가족이 있을 때는 음식을 만들어요. 저는
> 집에 있을 때 더 바빠요.

말하기 Speaking

1. A : 영어를 할 수 있어요?
   B : 네, 영어를 할 수 있어요.

2. A : 언제 기분이 좋아요?
   B : 음악을 들을 때 기분이 좋아요.
3. A : 학교에 몇 시까지 가야 해요?
   B : 9시까지 가야 해요.

쓰기 Writing

가

1. 저는 피아노를 칠 수 있어요.
2. 맛있는 음식을 먹을 때 기분이 좋아요.
3. 책을 많이 읽어야 해요.

Unit 15

어휘 Vocabulary

가

찾기 전에 / 찾은 후에
주기 전에 / 준 후에
씻기 전에 / 씻은 후에
듣기 전에 / 들은 후에
놀기 전에 / 논 후에
돕기 전에 / 도운 후에

나

1. 이사했어요
2. 준비 운동을 해야 해요
3. 정리해요
4. 화장을 해요
5. 출근하

듣기 Listening

가 끝난 후에, 가기 전에

> **script**
> 강준 : 미나 씨, 언제 중국에 돌아가요?
> 미나 : 학교 시험이 끝난 후에 돌아갈 거예요.
> 강준 : 아쉽네요. 중국에 가기 전에 뭘 하고 싶
> 어요?
> 미나 : 동물원이나 놀이공원에 가고 싶어요.

나 1. ① 2. ②

script

1.

A : 제니 씨, 오늘 퇴근 후에 뭐 할 거예요?

B : 친구와 저녁을 먹기로 했어요.

A : 민수 씨는요?

C : 저는 집에서 영화를 볼 거예요.

2.

오늘은 일요일이에요. 저는 보통 일요일에 집에 있어요. 저는 일어난 후에 방을 청소해요. 방을 청소한 후에 아침을 먹어요. 아침을 먹은 후에 빨래를 해요. 빨래를 한 후에 숙제를 해요. 일요일에 저는 아주 바빠요.

말하기 Speaking

1. A : 방학이 끝나기 전에 뭐 하고 싶어요?

   B : 제주도에 놀러 가고 싶어요.

2. A : 시험이 끝난 후에 뭐 할 거예요?

   B : 집에서 쉴 거예요.

3. A : 주말에 뭐 하기로 했어요?

   B : 백화점에서 쇼핑하기로 했어요.

쓰기 Writing

가

1. 밥을 먹기 전에 손을 씻어요.

2. 밥을 먹은 후에 이를 닦아요.

3. 주말에 친구들과 도서관에서 공부하기로 했어요.

Unit 16

어휘 Vocabulary

가

먹었어 / 먹어 / 먹을게

잤어 / 자 / 잘게

웃었어 / 웃어 / 웃을게

들었어 / 들어 / 들을게

더웠어 / 더워

컸어 / 커

나

1. 보통　　2. 벌써　　3. 너무　　4. 혼자　　5. 꼭

듣기 Listening

가 같이 갈까, 보낼게

script

강준 : 내일 공항에 같이 갈까?

미나 : 아니야. 혼자 갈게.

강준 : 알았어. 그럼 중국에 도착하면 연락해.

미나 : 그래. 이메일 보낼게.

나 1. ③ 2. ①

script

1.

A : 저녁에 불고기 먹을까?

B : 불고기는 지난주에도 먹었으니까 오늘은 닭갈비 먹자.

A : 닭갈비는 너무 매우니까 김밥 먹자.

B : 그래, 그러자.

2.

나는 한국에서 1년 동안 공부를 했어. 그리고 내일 일본으로 돌아가. 한국어 공부는 어려웠지만 재미있었어. 기회가 있으면 꼭 한국에 다시 오고 싶어.

말하기 Speaking

1. A : 보통 주말에 뭐 해?

   B : (주말에) 책을 읽어.

2. A : 내일 같이 영화 볼까?

   B : 아니, 쇼핑하자.

3. A : 커피 너무 많이 마시지 마.

   B : 알겠어.

쓰기 Writing

가

1. 나는 도서관에서 책을 읽었어.

2. 미나야, 같이 백화점에 가자.

3. 내일은 약속 시간에 늦지 마.

Index

Index

Index

착! 붙는 한국어 독학 첫걸음

초판인쇄	2019년 8월 20일
초판발행	2019년 9월 10일
저자	강성화, 민남준
책임편집	김효은, 장은혜, 양승주
펴낸이	엄태상
디자인	이건화
조판	박진영
콘텐츠 제작	김선웅, 최재웅
마케팅	이승욱, 오원택, 전한나, 왕성석
온라인 마케팅	김마선, 김제이
경영기획	마정인, 조성근, 김예원, 전태준, 오희연
물류	유종선, 정종진, 최진희, 윤덕현, 신승진
펴낸곳	한글파크
주소	서울시 종로구 자하문로 300 시사빌딩
주문 및 교재 문의	1588-1582
팩스	(02)3671-0500
홈페이지	www.sisabooks.com
이메일	book_korean@sisadream.com
등록일자	2000년 8월 17일
등록번호	제1-2718호

ISBN 978-89-5518-630-7 (13710)